京阪沿線の不思議と謎

天野太郎・監修
Taro Amano

JIPPI Compact

実業之日本社

はじめに

京阪電鉄は、その名の通り大阪と京都という古代において宮都が置かれた二つの歴史的都市の市街地中心部を結ぶ、関西を代表する私鉄のひとつである。さらに淀川流域の沿線地域を形成し、また宇治や大津といった関西都市圏における拠点をつなぐ重要な公共交通機関でもある。

かつて「天下の台所」と称された大阪・中之島地域という日本の流通経済の中心地を東西に結ぶ都市内交通路として機能し、通勤・通学の足として重要なだけではなく、とりわけ京都の南北の交通軸としても大きな役割を担っている。その沿線は文化財や観光資源の宝庫であり、京都観光を考える上でも重要な意味を持っている。

本書では、そうした京阪沿線に焦点を当てて、その列車や鉄道施設にまつわるエピソードだけでなく、京阪沿線における大阪・京都をはじめとした歴史的な地域のあり方や、その沿線が創られてきたプロセスを、「京阪」という視点から地理的に、そして歴史的に読み解いていこうとするものである。私鉄としての先駆的な取り組み――ロマンスカーやテレビカーといった、より快適なホスピタリティを追求する姿勢――や、萱島駅や中之島線の諸駅に見られる沿線の歴史的景観に配慮した設計、そして都市のより中心部にどのように鉄道ターミナルを建設していくのか、といった利便性を追求し続けてきた京阪の歴史についても触れながら、京阪沿線がどのように周辺地域の歴史と調和を図りながら形成されてきたのかについて記してみた。

またそのなかでは、京阪沿線に位置する観光資源や寺社・仏閣、歴史的な地名の由来に関する問題など、判型の制約がありながらも極力地図・図像資料類も使用し紹介しながら、京阪沿線地域について身近な興味、関心につながる幅広い視点から構成を行なっており、「鉄道」という視点から大阪・京都の地域を見ることができる書を目指している。

本書を通して、京阪沿線である大阪、京都、滋賀といった地域について関心を持っていただければ幸いである。さらに、訪れる寺社や名所という「点」としてのあり方だけでなく、京阪をキーワードに、沿線の「線」として、そしてさらには沿線から広がる「面」として地域を捉え、そこで展開する観光やこれからのまちづくりの課題について考えるひとつの契機としていただければ望外の喜びである。

二〇一六年一二月

天野太郎

京阪電鉄路線図

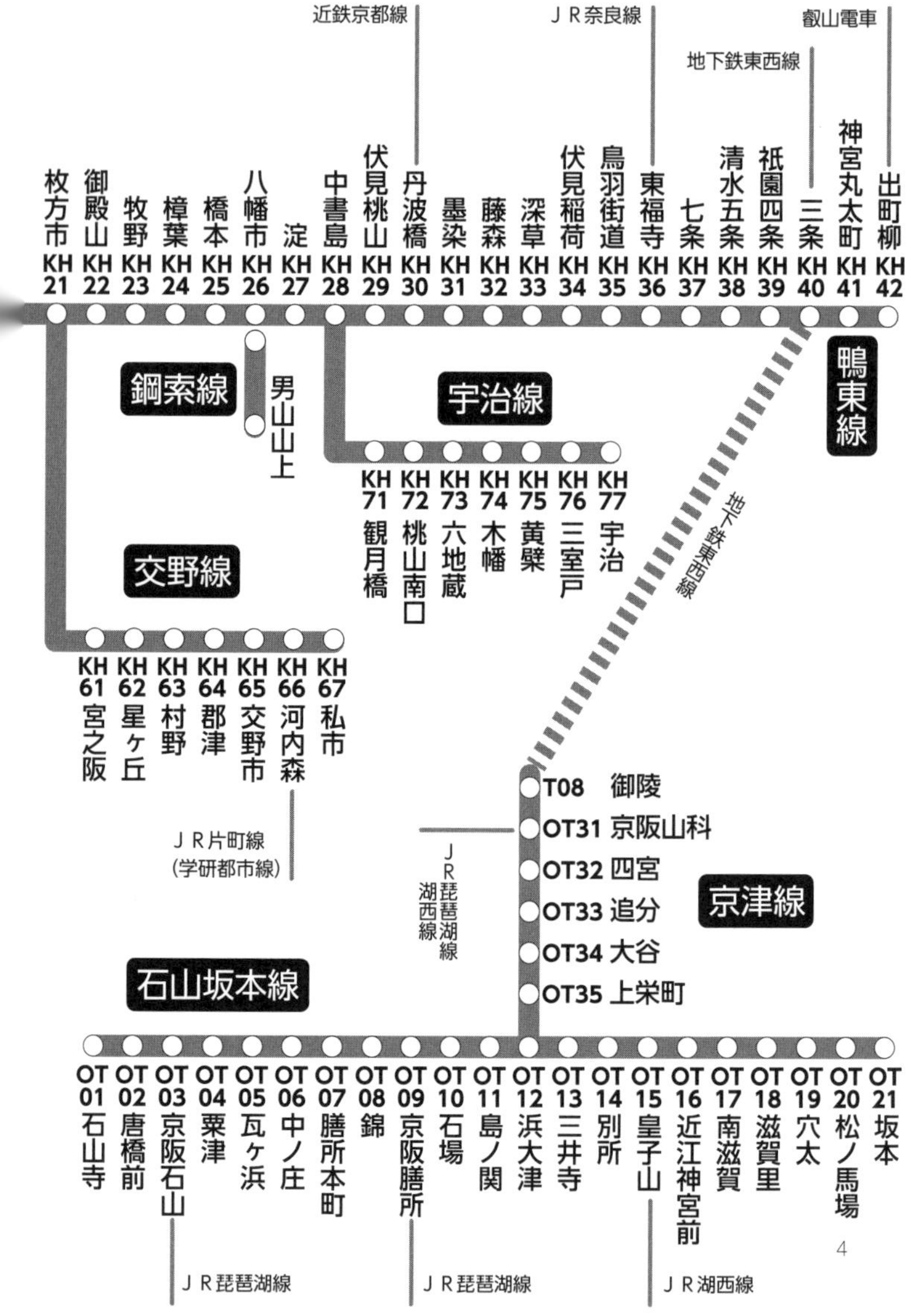
近鉄京都線
ＪＲ奈良線
叡山電車
地下鉄東西線
KH21 枚方市
KH22 御殿山
KH23 牧野
KH24 樟葉
KH25 橋本
KH26 八幡市
KH27 淀
KH28 中書島
KH29 伏見桃山
KH30 丹波橋
KH31 墨染
KH32 藤森
KH33 深草
KH34 伏見稲荷
KH35 鳥羽街道
KH36 東福寺
KH37 七条
KH38 清水五条
KH39 祇園四条
KH40 三条
KH41 神宮丸太町
KH42 出町柳
鴨東線
鋼索線
男山山上
宇治線
KH71 観月橋
KH72 桃山南口
KH73 六地蔵
KH74 木幡
KH75 黄檗
KH76 三室戸
KH77 宇治
地下鉄東西線
交野線
KH61 宮之阪
KH62 星ヶ丘
KH63 村野
KH64 郡津
KH65 交野市
KH66 河内森
KH67 私市
ＪＲ片町線
(学研都市線)
T08 御陵
OT31 京阪山科
OT32 四宮
OT33 追分
OT34 大谷
OT35 上栄町
京津線
ＪＲ琵琶湖線
湖西線
石山坂本線
OT01 石山寺
OT02 唐橋前
OT03 京阪石山
OT04 粟津
OT05 瓦ヶ浜
OT06 中ノ庄
OT07 膳所本町
OT08 錦
OT09 京阪膳所
OT10 石場
OT11 島ノ関
OT12 浜大津
OT13 三井寺
OT14 別所
OT15 皇子山
OT16 近江神宮前
OT17 南滋賀
OT18 滋賀里
OT19 穴太
OT20 松ノ馬場
OT21 坂本
ＪＲ琵琶湖線
ＪＲ琵琶湖線
ＪＲ湖西線

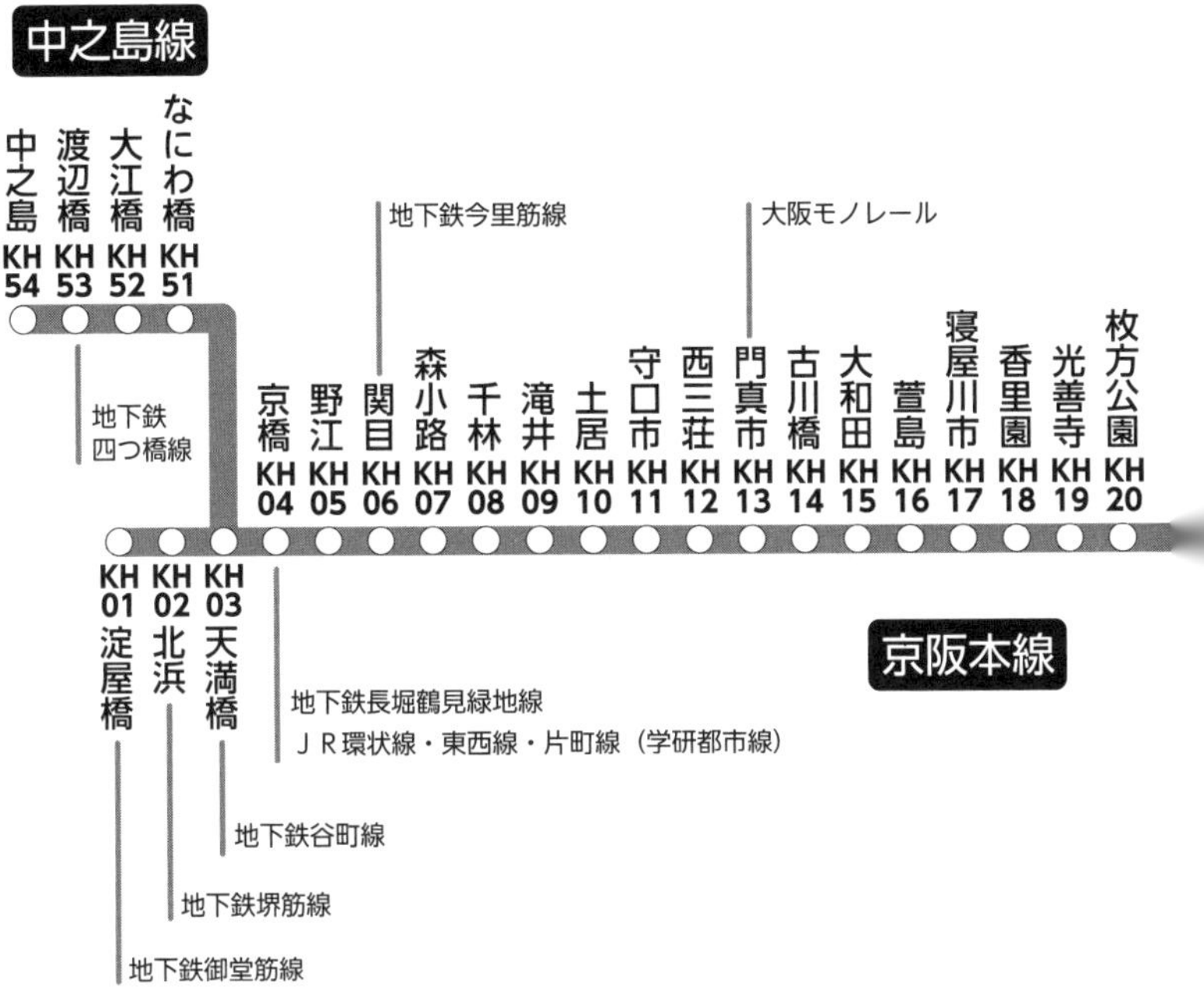
中之島線
中之島 KH54
渡辺橋 KH53
大江橋 KH52
なにわ橋 KH51
地下鉄四つ橋線
地下鉄今里筋線
大阪モノレール
京橋 KH04
野江 KH05
関目 KH06
森小路 KH07
千林 KH08
滝井 KH09
土居 KH10
守口市 KH11
西三荘 KH12
門真市 KH13
古川橋 KH14
大和田 KH15
萱島 KH16
寝屋川市 KH17
香里園 KH18
光善寺 KH19
枚方公園 KH20
KH01 淀屋橋
KH02 北浜
KH03 天満橋
京阪本線
地下鉄長堀鶴見緑地線
ＪＲ環状線・東西線・片町線（学研都市線）
地下鉄谷町線
地下鉄堺筋線
地下鉄御堂筋線

※ 2016 年 11 月時点

京阪沿線の不思議と謎《目次》

第一章 知るほど面白い！ 京阪電鉄ヒストリー&ミステリー

01

第二章 どうしてこんなことに!? 京阪沿線謎解きウォッチング

第三章 意外に知らなかった! あの名所に潜む不思議の数々!

03

第四章 え、そうだったの!? 見慣れた風景から浮かび上がる新たな発見！

04

第五章　謎に満ちた地名、駅名！　そのナットクの由来

05

◎凡例　各項目の下には、最寄りの路線名と駅名、京阪電鉄の駅ナンバリングが記されています。
本書の内容は、とくに明記がない場合は二〇一六（平成二八）年一一月時点の情報に基づいています。

カバーデザイン・イラスト／杉本欣右
本文レイアウト／Ｌｕｓｈ！
本文図版／イクサデザイン

第一章

知るほど面白い！京阪電鉄ヒストリー＆ミステリー

一〇〇年以上の歴史を誇る京阪電鉄、その歩みを振り返る！

京阪全線

大阪・京都・滋賀の二府一県を結ぶ京阪電鉄は、一九〇六（明治三九）年一一月一九日に産声を上げる。当初の目的は、古都・京都と商都・大阪を、淀川左岸を通る京街道沿いに結ぶことにあった。

一九〇八（明治四一）年には早くも路線敷設工事がはじまり、一九一〇（明治四三）年四月一五日、天満橋《てんまばし》～五条《ごじょう》（現・清水《きよみず》五条）間四六・六キロメートルの路線が開通した。当時としては国内最長の電気鉄道網だったが、この頃の京阪はまだほとんどの区間で道路上に敷設された併用軌道を走っていた。

なお、当初京阪では大阪側の起点駅を高麗橋《こうらいばし》としていたが、当時の大阪市が私鉄路線の市内への乗り入れに対して激しく抵抗したため、天満橋に変更されたと伝わる。

その後、一九一三（大正二）年六月一日、中書島《ちゅうしょじま》～宇治《うじ》間七・六七キロメートルの宇治線を開通。その二年後には、京都側の起・終点駅を五条から三条《さんじょう》まで延伸した。さらに一九二五（大正一四）年二月一日、当時三条大橋～札《ふだ》の辻《つじ》間を営業していた京津《けいしん》電気軌道を合併。これにより京阪の路線は滋賀県域にまで広がった。同年五月五日には札の辻～浜大津《はまおおつ》間の営業運転を開始。そして一九二九（昭和四）年四月一一日、琵琶湖鉄道汽船を合併し、蛍谷《ほたるだに》（現・石山寺《いしやまでら》）～坂本《さかもと》間を受け継いだことで、ほぼ現在の路線網が完成した。

一方、京阪の別会社として発足し、現在の阪急京都線、嵐山《あらしやま》線、千里《せんり》線に相当する路線をつくり上げた新京阪鉄道を一九三〇（昭和五）年九月一五日に合併すると、その総延長は一〇〇キロメートルを越えるまでになった。

このように、大正から昭和初期にかけての京阪の発展は著しいものがあるが、昭和一〇年台に戦時色が強まると、一九四三（昭和一八）年、京阪は戦時統合政策により、阪神急行電鉄（阪急）との合併を余儀なくされた。こうして設立されたのが京阪神急行電鉄であり、ここに、いったん京阪の歴史は途絶えることとなる。

相次ぐ新路線の開業

再び京阪が歴史を刻みはじめるのは、戦後の一九四九（昭和二四）年一二月一日のことだった。京阪神急行から分離、独立を果たし、新生・京阪電鉄が誕生したのである。新京阪線は京阪神急行に残されたため、京阪本線（天満橋～三条）、宇治線（中書島～宇治）、交野《かたの》線（枚方《ひらかた》東口～私市《きさいち》）、京津線（三条～浜大津）、石山坂本線（石山寺～坂本）の計五路線、八七・五キロメートルによる再出発であった。

新生・京阪にとっての最大の課題は、乗客数の増加であった。そこで一九五〇（昭和二五）年、京阪本線で特急電車の運行をはじめたり、一九五四（昭和二九）年、テレビカーを導入したりと、次々と魅力溢れる車両を投入。さらには沿線の住宅地開発にも力を入れ、一九六一（昭和三六）年に香里自由ケ丘《こうりじゆうがおか》（約四万八〇〇〇平方メートル）、一九六二（昭和三七）年に牧野《まきの》こがね野（約一一万平方メートル）、東香里（約一〇万八〇〇〇平方メートル）、一九六三（昭和三八）年に宇治御蔵山《おぐらやま》（約二三万八〇〇〇平方メートル）の分譲を行ない、沿線の開発と人口の増加につとめている。

さらに一九六三年には京阪本線が淀屋橋《よどやばし》駅まで延長。大阪市内中心部への乗り入れを果たしたばかりか、地下鉄御堂筋《みどうすじ》線と連絡したことで、京阪の利用客数は増加の一途をたどった。

京阪の歩みが止まることはなく、平成に入っても次々と新路線を開業した。一九八九（平成元）年には三条～出町柳《でまちやなぎ》間、一九九七（平成九）年には京津線と京都市営地下鉄東西線との直通運転も開始された。二〇〇八（平成二〇）年には天満橋～中之島《なかのしま》を結び、大阪市西部へのアクセスを図った中之島線を開通。いまでは年間で二億八〇〇〇万以上の人が利用するまでに発展を遂げた。

京阪電鉄の歩み

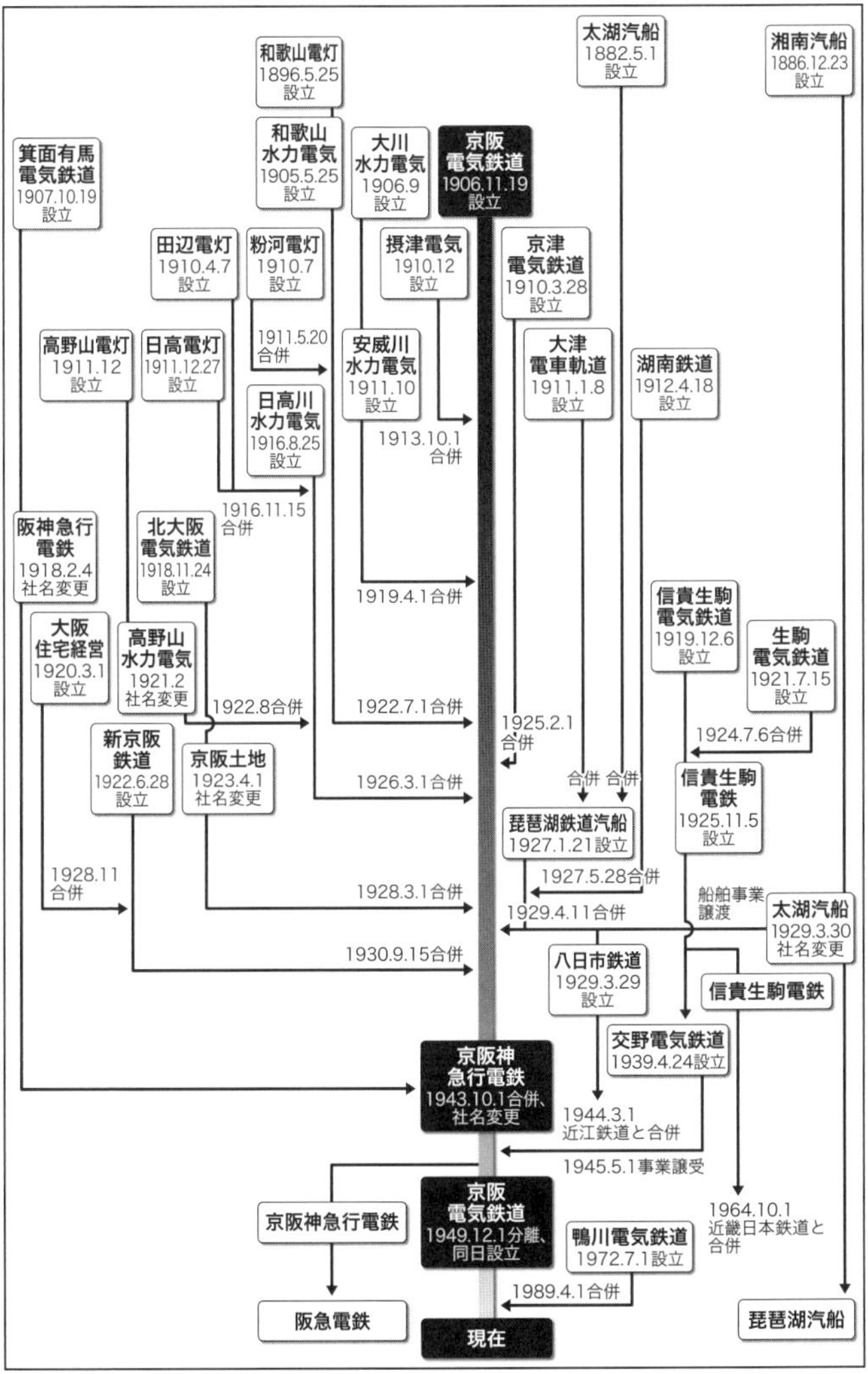
和歌山電灯 1896.5.25 設立
太湖汽船 1882.5.1 設立
湘南汽船 1886.12.23 設立
箕面有馬電気鉄道 1907.10.19 設立
和歌山水力電気 1905.5.25 設立
大川水力電気 1906.9 設立
京阪電気鉄道 1906.11.19 設立
田辺電灯 1910.4.7 設立
粉河電灯 1910.7 設立
摂津電気 1910.12 設立
京津電気鉄道 1910.3.28 設立
高野山電灯 1911.12 設立
日高電灯 1911.12.27 設立
1911.5.20 合併
安威川水力電気 1911.10 設立
大津電車軌道 1911.1.8 設立
湖南鉄道 1912.4.18 設立
日高川水力電気 1916.8.25 設立
1913.10.1 合併
1916.11.15 合併
阪神急行電鉄 1918.2.4 社名変更
北大阪電気鉄道 1918.11.24 設立
1919.4.1合併
信貴生駒電気鉄道 1919.12.6 設立
大阪住宅経営 1920.3.1 設立
高野山水力電気 1921.2 社名変更
生駒電気鉄道 1921.7.15 設立
1922.8合併
1922.7.1合併
1925.2.1 合併
1924.7.6合併
新京阪鉄道 1922.6.28 設立
京阪土地 1923.4.1 社名変更
合併 合併
1926.3.1合併
信貴生駒電鉄 1925.11.5 設立
琵琶湖鉄道汽船 1927.1.21設立
1927.5.28合併
1928.11 合併
1928.3.1合併
船舶事業譲渡
太湖汽船 1929.3.30 社名変更
1929.4.11合併
1930.9.15合併
八日市鉄道 1929.3.29 設立
信貴生駒電鉄
交野電気鉄道 1939.4.24設立
京阪神急行電鉄 1943.10.1合併、社名変更
1944.3.1 近江鉄道と合併
1945.5.1事業譲受
京阪神急行電鉄
京阪電気鉄道 1949.12.1分離、同日設立
1964.10.1 近畿日本鉄道と合併
鴨川電気鉄道 1972.7.1設立
1989.4.1合併
阪急電鉄
現在
琵琶湖汽船

大阪市が延伸を拒んだ!? 淀屋橋延長線開通までの苦闘

京阪全線

現在、京阪電鉄の中心を担う京阪本線は、大阪中心部に位置する淀屋橋駅を起点とし、京都・三条駅までを結ぶ。総延長は四九・三キロメートル、駅数は四〇だ。

一九一〇（明治四三）年四月一五日に天満橋～五条（現・清水五条）間が開業し、その三年後に五条～三条間が延伸開通。それから現在の起点である淀屋橋駅まで延伸したのが、一九六三（昭和三八）年四月一五日のことだった。

じつは、京阪にとって淀屋橋延伸は最大の悲願だった。京阪本線の開業時、もともと京阪は天満橋ではなく、当時の大阪の中心地である北浜《きたはま》・船場《せんば》にほど近い高麗橋の東を起点とする計画を立てており、それで敷設免許も取得している。

それではなぜ、天満橋が起点とされたのだろうか。

じつは大阪市が、京阪の大阪中心部への乗り入れを阻んだのである。旧市街地の縁辺部であった梅田や難波といった場所とは異なり、大阪市のなかでも中心の淀屋橋は特別な意味を持っていたのだ。

延伸を阻んだ大阪市との戦いの日々

大阪市が市営電車の事業を開始したのは一九〇三（明治三六）年のことだったが、当初から大阪市は、私鉄各社の市内乗り入れに対して難色を示していた。実際、時の市長・鶴原定吉は「大阪市において将来敷設すべき市街鉄道はすべて大阪市直接にこれを経営するものとす」という方針を宣言している。その背景には、市民の利便性を最大のものにするという意図があった。営利を目的とする私鉄ではそれが叶わないと考えたのだ。

京阪はたびたび大阪市と交渉の席を設けたが、話は平行線をたどるばかり……。京阪も妥協せざるを得ず、起点を天満橋とする代わりに、大阪市が建設する天満橋〜高麗橋間、天満橋〜梅田間の市営電車路線が敷設された暁には、そこに乗り入れをするという契約を大阪市と結んだ。これが一九〇八（明治四一）年九月のことである。

ところが、結局この契約が実現することはなかった。

一九一一（明治四四）年一〇月、天満橋〜北浜二丁目間の市営電車が開通した際、さっそく京阪は同線への乗り入れを大阪市に申請した。だが大阪市ではなく大阪府から「京阪の大型車両が市電の線路に乗り入れるのは危険であり、新たに乗り入れ用の小型車両を製造しない限り許可はしない」との回答がもたらされたのである。まだ開業間もない京阪にとって、新車両を製造する余裕などはなかった。

そうして高麗橋を起点とするという創業時の計画は実現しないまま、戦後を迎えることになる。

一九四九（昭和二四）年一二月、京阪神急行電鉄から分離、独立を果たして発足した新生・京阪は、再び大阪中心部進出を目指して動き出した。

一九五〇（昭和二五）年、京阪は天満橋駅から本町四丁目まで高架で乗り入れるルートを特許申請した。しかし、大阪市がこれを都市計画上の観点から反対したため、認められなかった。

その翌年、今度は野江《のえ》駅から分岐して国鉄・森之宮《もりのみや》駅までを高架で延伸する計画を申請する。このときは国鉄線と京阪線とに挟まれることになる沿線住民から「外部から隔絶される」との猛反対にあい、これに大阪市も追随したために、またもや失敗に終わった。

ついに迎えた悲願達成の日

だが、高度経済成長に伴う大阪市郊外における急速な人口増により、風向きは大きく変わることとなる。

一九五六（昭和三一）年当時、京阪を利用して大阪市内へ通勤する乗客は一日約一七万人だったが、京橋駅で国鉄に乗り換えるか、もしくは天満橋駅で大阪市電、市バスに乗り換える必要があったため、朝夕のラッシュ時、両駅は人で溢れ返ることとなった。また、天満橋駅から淀屋橋まで市電、市バスで二〇分以上も要したため、利用客からは不満の声も上がった。

そうしたなか、一九五六年九月、京阪は淀屋橋への延伸計画を申請する。これに対して、同月から一九五八（昭和三三）年三月まで、都市交通審議会大阪部会がじつに一七回開かれたが、そのなかで審議会は、「郊外人口の増加に対する大阪市中心部への輸送需要に対応するためには、京阪と国鉄、及び大阪市営地下鉄などとの交通網の形成を図るべき」との結論を下したのである。大阪市もこれを認め、一九五九（昭和三四）年二月二三日、ついに淀屋橋延長線の特許が下りた。

こうして一九六三（昭和三八）年四月一五日、淀屋橋線開通の日を迎える。私鉄の大阪中心部への新規乗り入れ第一号という輝かしい歴史を刻むとともに、創業以来、五〇年以上に及んだ悲願が、ここに達成されたのであった。

現在、天満橋駅四番線には、「先覚　志　茲成《せんかくのこころざしここになる》」と記された扁額《へんがく》（横に長い額のこと）が飾られている。これは淀屋橋線開通時の社長・村岡四郎の直筆によるもので、大阪中心部乗り入れに執念を燃やした京阪の熱い思いが秘められている。

カーブだらけの路線網のなかで、どうして交野線はまっすぐ!?

交野線

二〇一六（平成二八）年一〇月現在、京阪の路線は京阪本線、鴨東《おうとう》線、中之島線、交野線、宇治線、京津線、石山坂本線、鋼索《こうさく》線（男山ケーブル）の計八路線で、その総延長は九一・一キロメートル（鉄軌道線九〇・七キロメートル、鋼索線〇・四キロメートル）に及ぶ。この京阪の路線を地図で眺めると、やけにカーブが多いことがわかる。これは当初、軌道法に基づき、既存の道路敷に沿って路線が敷かれたためだ。

しかしそのなかにあって、交野線はなぜかほぼ一直線に敷かれていることがわかる。これはいったいどういうわけか。その答えは、交野線が敷かれた背景にある。

交野線の歴史

交野線は、京阪本線・枚方市駅を起点とし、枚方市、交野市を通って私市《きさいち》駅へと至る総延長六・九キロメートルの路線だ。二〇〇七（平成一九）年九月からは、京阪では初となるワンマン運転が開始されている。

そもそも、交野線は京阪が敷いた路線ではない。その事業主体は、信貴生駒《しぎいこま》電鉄という会社であった。

信貴生駒電鉄は、一九一九（大正八）年に設立された信貴生駒電気鉄道を前身とする。京都方面から信貴山朝護孫子寺《ちょうごそんしじ》への参拝客の輸送を担うべく、一九二二（大正一一）年には王寺《おうじ》～山下間の鉄軌道線、そして山下～信貴山間の鋼索線を開業している。

その後、信貴生駒電気鉄道は、大阪電気軌道の生駒駅を中心とし、北は京阪本線、南は国鉄王寺駅をひとつの路線で結ぶべく、北生駒～枚方町間の鉄道敷設免許を持つ生駒電気鉄道を合併した。

しかしほどなくして信貴生駒電気鉄道は経営難に陥ったため、計画は頓挫。三重合同電気が同社を買収することとなり、一九二五（大正一四）年、信貴生駒電鉄が発足した。

信貴生駒電鉄は信貴生駒電気鉄道の計画を引き継ぐと、一九二七（昭和二）年、山下～生駒間を開業。大阪電気軌道の生駒駅と国鉄王寺駅を接続させた。これが、現在の近鉄生駒線である。

さらに一九二九（昭和四）年、枚方東口（現・枚方市）～私市間（枚方線）を開業した。これが、現在の交野線だ。信貴生駒電鉄は軌道法ではなく、地方鉄道法によってこの路線を敷いたため、道路に関係なく、ほぼまっすぐに路線を敷くことができたのである。

なお、当時は現在よりも駅数が少なく、枚方東口、村野《むらの》、郡津《こうづ》、交野（現・交野市）、私市の五駅だった。

その後、信貴生駒電鉄は私市〜生駒間の建設にも取り掛かろうとしたが、昭和恐慌、さらには利用客数の減少に伴う収益の悪化で経営難に陥ったため、結局建設は断念された。また同社は経営の合理化を図るべく、枚方線の営業を京阪に委託した。京阪が敷いた路線ではなかったものの、当初から京阪の支線のような役割を担っていたのである。

そして京阪は、この路線を譲り受け、運営するための会社として交野電気鉄道を設立。一九三九（昭和一四）年、枚方線は交野電気鉄道が営業する交野線となった。一九四五（昭和二〇）年には京阪神急行電鉄に合併されたことに伴い、同社の路線となったが、一九四九（昭和二四）年、京阪神急行から京阪が分離、独立した際、交野線は京阪の路線網に組み入れられることとなったのであった。

現在では、ＪＲ片町線（学研都市線）に河内森《かわちもり》駅で乗り換えが可能になっており、周辺地域の宅地開発が進むとともに、大阪府の北河内地域と京都府南部を結ぶ重要な公共交通機関として機能している。

京阪電鉄路線網

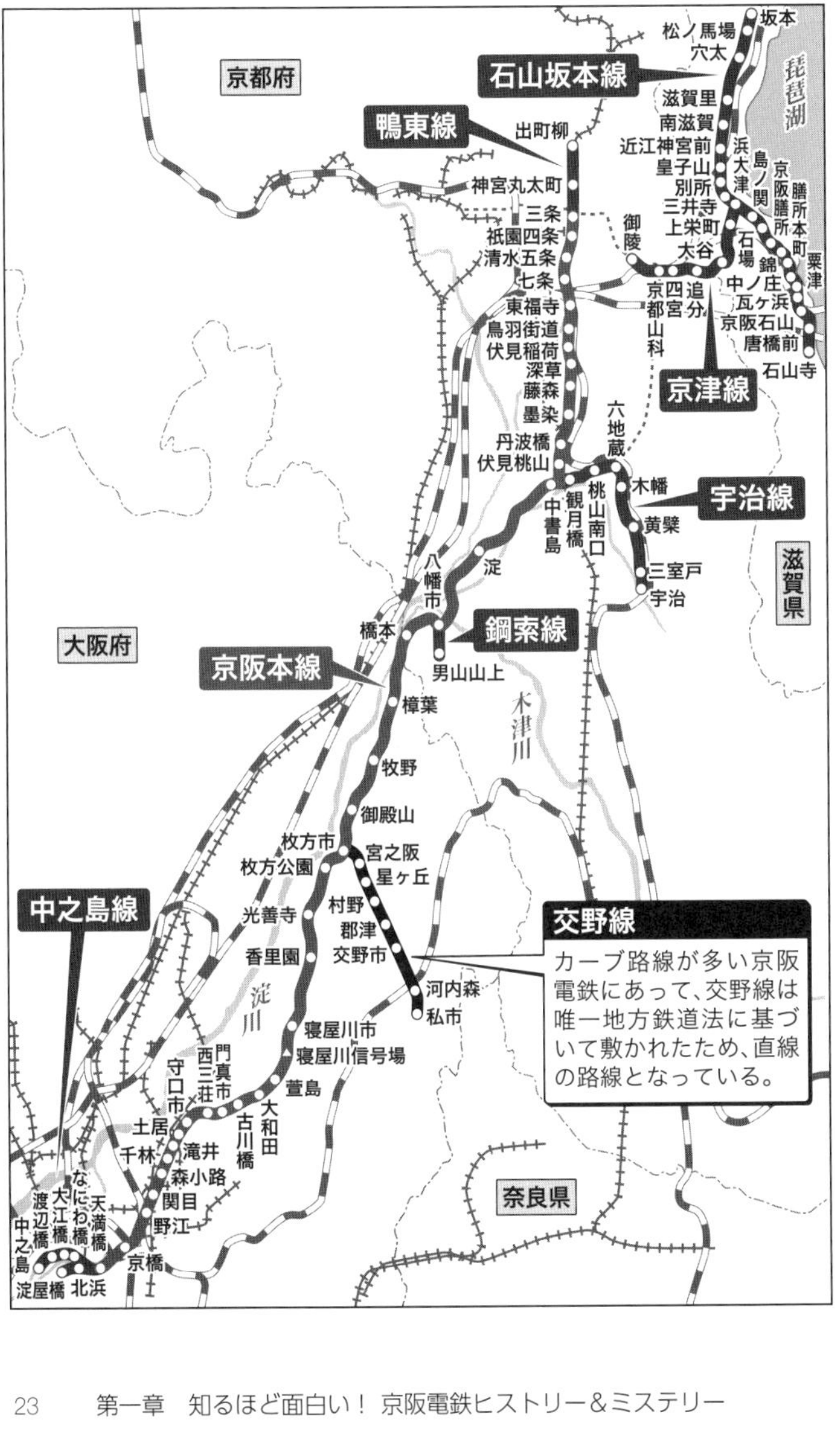
京都府
大阪府
滋賀県
奈良県
琵琶湖
石山坂本線
鴨東線
京津線
宇治線
鋼索線
京阪本線
中之島線
交野線
カーブ路線が多い京阪電鉄にあって、交野線は唯一地方鉄道法に基づいて敷かれたため、直線の路線となっている。
坂本
松ノ馬場
穴太
滋賀里
南滋賀
近江神宮前
皇子山
別所
三井寺
上栄町
浜大津
島ノ関
京阪膳所
膳所本町
石場
錦
中ノ庄
瓦ヶ浜
粟津
京阪石山
唐橋前
石山寺
御陵
京都山科
四宮
追分
大谷
出町柳
神宮丸太町
三条
祇園四条
清水五条
七条
東福寺
鳥羽街道
伏見稲荷
深草
藤森
墨染
丹波橋
伏見桃山
中書島
観月橋
桃山南口
六地蔵
木幡
黄檗
三室戸
宇治
淀
八幡市
橋本
男山山上
樟葉
牧野
御殿山
枚方市
枚方公園
宮之阪
星ヶ丘
村野
郡津
交野市
河内森
私市
光善寺
香里園
寝屋川市
寝屋川信号場
萱島
大和田
古川橋
門真市
西三荘
守口市
土居
滝井
千林
森小路
関目
野江
京橋
天満橋
なにわ橋
大江橋
渡辺橋
中之島
淀屋橋
北浜
木津川
淀川

ＪＲの高架橋に残る幻に終わった「京阪梅田線」夢の跡

京阪全線

ＪＲ大阪環状線・桜ノ《さくらの》宮《みや》駅の東口を降りて、東へ行くと、なぜか「京阪電鉄乗越橋」という銘板が掲げられたガードがある。もちろん、ガードの上を走るのは大阪環状線の電車であり、京阪の電車が走ることはない。なぜＪＲの高架橋に京阪の名が残っているのか、不思議に感じる人もいるだろう。じつはこれは、幻に終わった「梅田線」計画の夢の跡なのだ。

開業以来、大阪中心部への乗り入れが京阪の悲願であったことは前述の通り（16ページ）であるが、京阪は、淀屋橋以外に、大阪市内の中心部・梅田への乗り入れを計画していた。

当時、軌道法によって淀川左岸の京街道に沿うように敷設された京阪の線路はどうしてもカーブが多くなりがちで、高速運転には不向きだった。そこで京阪は、淀川右岸に高速新線を新設する計画を打ち立て、一九一九（大正八）年に敷設特許を取得した。区間は野江～吹田《すいた》～山崎《やまざき》～淀《よど》間、山崎～四条大宮《しじょうおおみや》間で、野江と淀の両駅を通じて、京阪線に乗り入れるというものだった。

だが、これにより京阪の旅客数が大いに増加することが見込まれ、当時の京阪の起点である天満橋駅では対応できないと見なされたことから、鉄道省（当時）は京阪に対して、天満橋駅以外の大阪側の起点駅を設置するよう、指導した。

そのような状況下の一九一九（大正八）年、鉄道省は関西初の国電として、城東線（現・大阪環状線）の高架化及び電化を決定した。

起点駅となる大阪市内の土地を探していた京阪にとって、これは好都合な話だった。そこで京阪は鉄道省に働きかけると、高架後の城東線の廃線跡地を五七〇万円で払い下げてもらい、梅田までの乗り入れを計画した。

そして一九二二（大正一一）年、新線建設用の別会社として、「新京阪鉄道」を設立。一九二八（昭和三）年には、新京阪鉄道によって天神橋《てんじんばし》（現・天神橋筋六丁目）～淡路《あわじ》～京都西院《きょうとさいいん》（現・西院）間が開業した。

梅田線計画の終わり

ところが、肝心の梅田への乗り入れ工事は遅々として進まなかった。一九二三（大正一二）年の関東大震災によって政府の予算の大部分を復興工事に回す必要があったため、城東線高架化計画などの大規模なプロジェクトのほとんどが凍結されてしまったためだ。

一九二八（昭和三）年には失業者対策の一環として城東線高架化工事が再開されたものの、昭和金融恐慌による不況のあおりを受け、京阪、そして新京阪自体が経営不振に陥り、梅田線に投資をする余裕がなくなってしまった。

そこで一九三〇（昭和五）年、京阪は経営破たん寸前だった新京阪を吸収合併し、不採算事業の中止、大規模なリストラの敢行などによって再建を図った。だが、状況は悪化する一方だった。

この時点で、梅田線の未着工区間は京阪線の森小路《もりしょうじ》〜赤川《あかがわ》〜天神橋間三・七キロメートル、新京阪線の上新庄《かみしんじょう》〜赤川〜角田町《かくたちょう》間七・九キロメートル、赤川における両線の連絡線〇・六キロメートルだったが、もはや京阪には新線工事を行なう体力はなかった。一九三二（昭和七）年一〇月、京阪は蒲生《がもう》駅（現・京橋駅）を国鉄京橋駅の東側に移転することで、城東線を通じて梅田への乗り入れを達成した。これに伴い、梅田線の計画は凍結され、一九四二（昭和一七）年、免許も失効した。

「京阪電鉄乗越橋」は、この下を京阪電車がくぐることができるように設置されたものであったが、残念ながらそれが実現することはなかった。だがいまも壊されることなく、幻の梅田線の歴史を、いまに伝えている。

阪急のトンネルから浮かび上がる「京阪京都線」の面影

十三《じゅうそう》～河原町《かわらまち》間四五・三キロメートルを結ぶ阪急京都本線のうち、西院～河原町間は地下を走る。

大阪方面からやって来た電車は西院駅の手前で地下へと続くトンネルをくぐるが、そのトンネルの入口には、「天人併其功《てんじんそのこうをあわす》」と書かれた扁額が掲げられている。「天と人の力が合わさって完成した」という意味だ。

このトンネルが完成したのは、一九三一（昭和六）年三月三一日のこと。扁額はそのときにかけられた。

だが、扁額を制作したのは阪急ではない。じつは京阪なのである。そして文字は、時の京阪電鉄社長・太田光凞《みつひろ》の筆による。なぜ阪急の路線に、京阪の社長が書いた扁額が掲げられているのだろうか。

それは、もともと阪急京都線を敷いたのが、京阪の子会社・新京阪鉄道だったためである。

「京阪京都線」の悲劇

一九二二（大正一一）年六月、淀川の西岸経由で大阪〜京都間を結ぶ路線の敷設を目的として、新京阪鉄道は誕生した。その二年後、北大阪電気鉄道から十三〜淡路《あわじ》〜千里山《せんりやま》間の鉄道事業を譲り受けると、一九二五（大正一四）年一〇月一五日に天神橋（現・天神橋筋六丁目）〜淡路間、一九二八（昭和三）年一月一六日に淡路〜高槻町《たかつき》（現・高槻市）間、同年一一月一日に高槻町〜京都西院（現・西院）間、同年一一月九日に桂《かつら》〜嵐山間を開業。一九三〇（昭和五）年には京阪が新京阪を合併し、一九三一（昭和六）年三月三一日、京都西院〜京阪京都（現・大宮）間を開業させた。

京都西院〜京阪京都間は関西では初となる地下路線となった。それだけに、竣工を迎えたときの喜びようは筆舌に尽くしがたいものがあったであろう。このとき、くだんの扁額がトンネルに掲げられた。その力強い筆跡から、時の京阪社長の熱意が伝わってくるようだ。

しかしその後、新京阪線は運命に翻弄されることとなる。

一九四一（昭和一六）年に太平洋戦争が勃発すると、国内には戦時体制が布かれ、それは鉄道各社にも及んだ。

輸送手段の確保という目的のもと、全国で鉄道会社の再編がなされるなか、一九四三（昭和一八）年、京阪は阪神急行電鉄（現・阪急）と強制的に合併させられることとなった。このとき、経営状況が京阪よりも阪急のほうがよかったため、阪急が京阪を吸収する形で合併は行なわれた。こうして誕生したのが、京阪神急行電鉄である。新会社に「急行」という文字が入れられたのは阪急側の要請だったと伝わる。ただ、もともとが別会社であったことから京阪線、新京阪線、阪急線の路線は接続が悪かった。また、淀川を境として東側に京阪の京阪本線、大津線、西側に新京阪線、阪急の宝塚線、神戸線といった具合に区分されていたため、経営の一体感にも欠けていた。

そこで戦後、国策で合併した鉄道各社の分離・独立の機運が高まると、一九四九（昭和二四）年、京阪は京阪神急行電鉄から分離、再びスタートを切った。

しかし、このときに大きな問題が発生する。淀川の西部に位置していた新京阪線が阪急の路線とされてしまったのである。

当然、京阪の首脳陣は政府に対して反発したが、それが聞き入れられることはなかった。こうして京阪京都線は、阪急京都線の路線として再出発することとなった。路線や設備などはそのまま使われたため、いまも西院駅近くのトンネルに、京阪が設《しつら》えた扁額を見ることができるのである。

地下鉄化によって廃線となった京津線が緑溢れる散策路へ大変身！

京津線

京都市東山区の御陵《みささぎ》駅から滋賀県大津市の浜大津駅までを結ぶ京津線七・五キロメートルは、一九一二（大正元）年八月一五日、三条大橋（のちの京津三条）～札ノ辻（現在の上栄町駅と浜大津駅の間に存在した）間で営業を開始した京津電気軌道が敷いた路線を前身とする。

その後、京津電気軌道は一九二五（大正一四）年二月一日に京阪電鉄と合併。同年五月五日、札ノ辻～浜大津を開通させた。一九三四（昭和九）年四月一七日からは三条大橋～浜大津間で急行列車の運転が開始され、両駅を二一分で結んだ。

そんな京津線が大きく変貌を遂げたのは、一九九七（平成九）年一〇月一二日のことだった。京都市営地下鉄東西線・醍醐《だいご》～二条《にじょう》間が開業したことに伴い、京津三条～御陵間三・九キロメートルが廃止されたのである。

この区間はすべて地下路線となり、京阪の電車は御陵駅以西で地下鉄東西線へ乗り入れることとなった。

路線の名残を留める「陵ヶ岡みどりの径」

京津三条〜御陵間はすべて地下路線となったため、地上における景観もだいぶ様変わりした。二〇〇二（平成一四）年には、廃線跡が「陵ヶ岡《りょうがおか》みどりの径《みち》」という公園へと生まれ変わった。地下鉄御陵駅の南東、徒歩五分ほどのところにある。

園内には全長約三〇〇メートルに及ぶ遊歩道が設置され、「みどりの径」という名前の通り、色とりどりの花や木々の緑を愛でながら散策を楽しむことができる。

じつはこの公園の至るところで、かつての京津線の名残を見出すことができる。よく見ると、等間隔に枕木が埋め込まれている様子がわかる。これは、約九〇年もの歴史を刻んだ京津線の歴史を後世に伝えるために設置されたものである。

また、遊歩道は大きなカーブを描き、適度な勾配がつけられているが、これも、カーブが多く、勾配がきつかった京津線時代の面影をいまに伝えてくれている。さらには、手すりも京津線のレールを再利用したものだ。

かつて京津三条〜御陵間を走っていた京津線の姿を見ることはもはやかなわないが、その歴史は、陵ヶ岡みどりの径としてしっかりと受け継がれているのである。

日本初の五扉車に「無料」特急…乗客を魅了する京阪電車

京阪全線

車両は各鉄道会社の「顔」であり、また、沿線に住まう人々の「足」として利用されることから、どの鉄道会社もバラエティに富んだ車両を走らせている。なかでも京阪電鉄は、革新的な車両を次々と導入してきたことで知られる。

その最たるものが、かつて存在していた「テレビカー」である。特急車両の出町柳寄りの連結部上部にテレビが据えつけられ、乗車中、テレビの放映を楽しむことができたのだ。

テレビといえば、いまや各家庭に一台以上はあり、また、スマートフォンなどのデバイスでも見ることができるため、さほど珍しいものではない。しかし京阪がテレビカーを導入したのは、国産第一号のテレビが発売された一九五三（昭和二八）年の翌年。テレビがまだ珍しい時代であり、テレビカーは京阪名物として人気を集めた。なお、テレビカーには松下電器（現・パナソニック）製のテレビが搭載された。これは、守口市《もりぐちし》駅の近くに松下電器の本社があったという縁による。試作段階から松下電器の協力を仰いだという。

京阪がテレビカーを導入した背景には、京阪と同じく京都～大阪間を結んだ国鉄、阪急との熾烈な競争がある。当時、国鉄と阪急は所要時間の短縮で乗客を獲得しようとしていたが、京阪の路線はカーブが多く、スピードでは勝てる余地がなかった。そこで、車内での快適さを追求し、乗客にアピールしたのである。一九七一（昭和四六）年にはカラーテレビが搭載された。同年のカラーテレビの世帯普及率は約四〇パーセントだったことから、カラーテレビ搭載のテレビカーは大いに人気を博すこととなった。

さらに受信状況を安定させるため、一九九二（平成四）年にはそれまでの地上アナログ放送からBS衛星放送へと転換。二〇〇六（平成一八）年からは地上デジタル放送に切り替え、より鮮明な映像を乗客に提供できるようにした。またテレビも二一インチから三二インチの液晶テレビへと変更し、より大画面でテレビ放送を楽しめるようになったが、テレビの普及率の向上に伴い、テレビカーはその使命を終えた。そして二〇一三（平成二五）年、廃止となった。

ラッシュ対策で導入された5000系

一九七〇（昭和四五）年に導入された５０００系は、日本で初めて片側に五つの乗降扉がつけられた一般車だ。

当時、京阪沿線で大規模な住宅開発が進められるなかで、通勤・通学客が急増。朝夕ラッシュ時にはホームが人で溢れ、常に列車の遅延が発生するほどだった。

混雑緩和のため、輸送力の増強を最大の課題として掲げた京阪だったが、架線電圧が六〇〇ボルトと低く、七両編成以上の車両を走らせることは難しかった。現状の車両でいかに乗客数を増やし、乗降時間を短縮することができるか。そうして苦慮の末に考え出されたのが、一車両あたりの扉の数を増やし、座席の数を少なくすることだった。扉の数が多くなれば必然的に乗降時間が短縮され、また、座席が減った分、多くの人を乗せることができる。こうして、五扉車の5000系が開発されたのである。

しかしラッシュ時はともかく、日中の空いている時間帯は五扉にする必要性はない。また、今度はひとりでも多くの乗客に座ってもらう必要性が出る。そこでラッシュ時以外の時間帯は二扉目と四扉目を締め切り、そこへロングシートを設置することにしたのである。ロングシートはあらかじめ天井に収納しておき、スイッチひとつで自動的に下ろすことができる仕組みとされた。周囲に人がいる状況で下ろすことは危険なため、ロングシートの上げ下ろしは車庫で行なわれる。

ただし、扉の位置に設置されたロングシートには欠点があった。通常、ロングシートの下には暖房装置が取りつけられているが、昇降式のロングシートにはそれを取りつけることができないのである。それに加え、扉が多い分、必然と冷暖房効率は悪くなる。そのため、従来の車両よりも冷暖房機器の性能が強化され、車内温度が快適なものになるよう、工夫が凝らされた。また、車両の窓には日除けのカーテンなどが取りつけられているが、乗降扉にはつけることができず、昇降式のロングシートに座ると、直射日光を背後から直接受けることとなってしまう。そこで扉部分の窓には「熱線吸収式」というタイプのガラスが使用されている。よく見ると、この部分だけガラスの色が違うことがわかる。

このように、様々な設備が取りつけられ、ラッシュ時の乗降時間の短縮に貢献した5000系だったが、その分、車体の重量が重くなった。そこで、京阪では初となるアルミ車体が採用され、軽量化が図られている。

ついに有料特急が導入！

最後に、いまや京阪の「顔」といえる二階建て車両を連結した特急車8000系を紹介しよう。一九八九（平成元）年に導入され、近年、車内設備・カラーリングが一新された8000系の特徴は、何よりも内装の豪華さにある。ソファのように座り心地のよいシート、落ち着いた色調の車内デザイン、二階建て車両に敷かれた絨毯《じゅうたん》……国内最高級の設備を誇る特急車両といえるだろう。中吊り広告が一切ない点も、上質な車内環境を醸成している一因といえる。

京阪が誇る「無料」特急列車８０００系。２階建て車両の２階はとくに人気が高い。

追加の特急料金は一切不要であることから、人気の高い車両であるが、その一方で、確実に座れないという欠点がある。実際、京阪には、「確実に座りたい」という要望が多く寄せられていたという。そのような乗客の声に応え、京阪では二〇一七（平成二九）年から、ついに有料の「プレミアムカー」を導入する予定だ。８０００系の六号車をすべて「プレミアムカー」に改造。たとえ混雑時や途中駅から乗車する場合であっても、事前に予約することで座ることが可能となる。また、現行よりも座席幅、間隔を広げるとともに、大型テーブル、コンセントなどを設置、より快適な車内環境を提供する。これも乗客本位を貫いてきた京阪ならではのサービスといえるだろう。

日本ではここだけ！大迫力の路面電車四両編成

京津線
石山坂本線 OT 12
浜大津
はまおおつ
HAMAOTSU

京津線と石山坂本線の分岐駅である浜大津駅周辺では、道路上を走る路面電車の姿を見ることができる。この光景は特段珍しいものではないだろう。現在は大津市を含め、広島や熊本、富山など全国一七都市で路面電車が走っている。また、近年はフランスやドイツといったヨーロッパの歴史的都市の影響を受けて、富山ライトレールなど次世代型路面電車（ＬＲＴ）を導入する都市が増えており、モータリゼーション社会のなかで、改めて路面電車を見直す動きが出ている。

ただ、浜大津駅周辺を走る路面電車は、ほかの路面電車とはじつは一味ちがう。何しろ、日本で唯一、四両編成の路面電車が走る場所なのだ。

四両編成の何が珍しいのか、ピンとこない人が多いかもしれないが、これは路面電車としては異例の長さなのである。

軌道法上、路面電車の車両は全長三〇メートル以内に収めなければならないとされている。だが京阪のそれは、じつに全長約六六メートル。法令で決められた長さの倍以上だ。

しかしなぜ、数ある鉄道会社のなかで京阪だけ四両編成の路面電車を走らせることができているのだろうか。

契機となった地下鉄の開業

京津線を敷いたのは京津電気軌道（一九〇六年開業）という会社であるが、会社名からもわかる通り、やはり当初は軌道として開業した。一九一二（大正元）年に三条大橋～札ノ辻間で営業を開始すると、一九二五（大正一四）年に京阪に合併され、路線は浜大津まで延伸された。その後、京阪のもと、併用軌道区間を専用軌道へと移設する工事が順次行なわれていった。

そうした状況下、一九九七（平成九）年、京都市営地下鉄東西線・醍醐～二条間が開業し、重複区間にあたる京津線の京津三条～御陵間が廃止されるとともに、京津線の電車が東西線に乗り入れることとなった。

ここで問題となったのが、車両である。専用軌道区間が増えたとはいえ、いまだ京津線には併用軌道区間があり、路面電車が走っていた。しかし車両全長三〇メートル以内という規定に従うと、輸送の円滑化に支障をきたすと考えられた。そこで、この路線だけ特例として、四両編成の車両を走らせることが認められたのである。

浜大津駅付近を走る路面電車

浜大津〜上栄町間を走る車両は、日本で唯一、路面電車区間と地下鉄を直通運行する電車として知られる。

「ロマンスカー」といえば小田急電鉄、いやいや、じつは京阪が元祖です！

京阪全線

「ロマンスカー」といえば、いまや小田急電鉄の特急電車の代名詞となっている。二人掛けのロマンスシートを用いていることから、その名で呼ばれる。

小田急電鉄で初めてロマンスカーが走ったのは、一九四九（昭和二四）年のことだった。当初、箱根行きの特急電車に搭載されたのは二人掛けのシートが向かい合うボックス席だったが、これが新宿の映画館に設置されていたロマンスシートのようであると評判を集めたため、小田急は「ロマンスカー」と名づけて売り出すようになったのである。一九五一（昭和二六）年には、すべての座席が転換クロスシート（進行方向に合わせて座席の向きが変わる）の1700系が導入された。

こうして見ると、あたかも小田急電鉄がロマンスカーを開発したかのように思われがちであるが、じつはそうではない。

日本で初めてロマンスカーの名称を用いた鉄道会社は、何を隠そう、京阪電鉄だったのである。

ロマンスカーの導入

京阪にロマンスカー（1550系）が導入されたのは、一九二七（昭和二）年のことだった。沿線に点在する名所・旧跡を巡る観光客の誘致がその目的である。そのため、従来の1000系が定員八四人（座席定員四四人）だったのに対して、1550系は定員一一〇人（座席定員五四人）と、収容力が増強されている。

全鋼鉄製だったが、内部には木目の印刷を施した鋼板を利用し、木の温もりを演出。木造家屋にいるかのような雰囲気を創出した。さらにはフロアタイルを市松模様に張るなど、ゴージャス感を演出している。また、ダークグリーンに塗装された車両の側面には白字で「KEIHAN ELECTRIC RAILWAY COMPANY」とレタリングされ、まるでアメリカの電車のようであると評判を呼んだ。

一番の特徴は、二人が並んで座ることができる転換クロスシートだった。誰が最初に命名したのかは定かではないが、当初から京阪はこれを「ロマンスカー」と謳い、大々的にアピールしていたようである。恋人たち二人だけの空間づくりを演出したロマンスカーは大いに話題を集め、鉄道が「輸送の道具」から「車窓の旅を楽しむ手段」へと変貌を遂げるきっかけを生み出したのであった。

以降、ほかの鉄道会社もこの人気にあやかり、ロマンスカーを導入するようになった。南海鉄道（現・南海電鉄）や参宮急行電鉄（現・近畿日本鉄道）、東武鉄道、山陽電気鉄道、神戸市電、横浜市電など枚挙に暇がない。

しかしその一方で、当の京阪ではあまりロマンスカーに注力はしなかったようだ。輸送力の増強のため、ロマンスカーは次第にロングシート化され、その姿を消していく。また、一九五四（昭和二九）年から特急電車にテレビを搭載した「テレビカー」を導入するようになると、そちらの宣伝に力を入れるようになった。

戦後、小田急が流線形の新型特急３０００系「スーパーエクスプレス」を導入すると、その斬新な車体が人気を集め、「ロマンスカーといえば小田急」というイメージが定着。ほかの鉄道会社も次第にロマンスカーという名称を用いなくなったことから、小田急以外のロマンスカーはほぼ消滅した。

そして一九九七（平成九）年、ロマンスカーという呼称が小田急の登録商標として認められたため、現在、ロマンスカーの元祖である京阪はもちろんのこと、ほかの鉄道会社はロマンスカーという名称を勝手に使うことができない。こうしてロマンスカーといえば、名実ともに小田急のものになったのである。

京阪の車両になぜ「成田山」のお守りがある!?

京阪本線
KH 18
香里園
こうりえん
Korien

京阪電車に乗ったとき、車両の大阪側に「交通安全　災難消除祈願　御守　成田山《なりたさん》」と書かれた御守札が貼られていることに気がつくだろう。京阪によると、京阪の車両のみならず、京阪バスや琵琶湖汽船といったグループ会社に至るまで、この御守札がつけられているという。

この御守札は、京阪本線・香里園駅の南東、徒歩一五分ほどのところに鎮座する成田山不動尊（成田山大阪別院明王院）のものである。交通安全祈願の寺院として知られていることから、京阪の車両に備えられていても決しておかしくはないが、沿線に数多く存在する寺院のなかで、なぜ成田山不動尊の御守札が選ばれたのだろうか。その歴史をひも解くと、京阪の沿線開発における苦悩が秘められていることがわかる。

成田山不動尊と京阪の関係

成田山不動尊の大本山は、千葉県成田市にある成田山新勝寺《しんしょうじ》である。九四〇（天慶三）

年の創建と伝わる古刹《こさつ》で、弘法大師空海が自ら彫ったと伝わる不動明王像を本尊とする。古くから東日本地域を中心として信仰を集めた同寺だったが、明治時代に入ると、その信仰が全国にまで広がり、北海道、東北、さらには関西地方にも同寺の別院が建立されるようになった。

現在の香里の地に成田山新勝寺の別院を建立しようとする気運が生じたのは、一九二七（昭和二）年のことだった。時の大阪府知事の実弟で篤信家《とくしんか》であった田辺真弘が成田山大阪別院を香里に誘致すべく、新勝寺に願い出ると同時に、香里に鉄道を敷いていた京阪に協力を要請したのである。

この頃、京阪では香里駅東部に広がる丘陵地を開発し、住宅地として大々的に売り出そうとしていたが、京阪沿線は大阪から見て鬼門（鬼が出入りする場所であり、すべての物事において縁起が悪いとされる）、京都から見て裏鬼門の方角にあたることから、人々から忌避される傾向にあった。

そんなとき、田辺から持ちかけられた成田山大阪別院の誘致は、京阪にとってはまさに渡りに船の話だった。成田山不動尊には障礙《しょうげ》退散・諸悪消除というご利益があったことから、これを鬼門除けの鎮守にしようと考えたのだ。

そこで京阪は成田山大阪別院の建立にあたり、「殿舎建立敷地、境内地として社有地一六万五〇〇〇平方メートル以内の寄付」、「堂宇の建立費として五万円以内の寄付」、「希望があれば社有地九万九〇〇〇平方メートルを限度として原価で譲渡」、「寄付地に隣接する京阪電鉄借用地六六〇〇平方メートルの借地権を無償で譲渡」という援助を申し出ることにした。

こうして京阪の協力もあり、一九三四（昭和九）年、現在の成田山不動尊が誕生したのであった。

戦後、成田山不動尊で日本初となる自動車の祈祷が行なわれたことを契機とし、同寺は交通安全の寺院として信仰を集めるようになる。そしていつ頃からかは定かではないが、京阪の車両にも、京阪沿線の鎮守社である成田山不動尊の御守札が掲げられるようになったのである。

京阪電鉄の日々の運行を見守っているこの御守札は、毎年年末に成田山不動尊に返納され、新しい御守札へとつけ替えられる。

なお、京阪の車両すべてが成田山不動尊の御守札を掲げているというわけではない。鋼索線（男山ケーブル）の車両に関しては、男山の山上に鎮座する石清水八幡宮《いわしみずはちまんぐう》の御守札が掲げられている。

中之島線

KH 51

なにわ橋

なにわばし

Naniwabashi

京阪全駅中、なぜこの駅だけがひらがな表記!?

二〇〇八（平成二〇）年一〇月一九日、中之島～天満橋間を結ぶ中之島線が開業した。

そもそもこの路線の構想が浮上したのは一九八〇年代後半のことであるが、実際に計画が実行に移されたのは、二〇〇三（平成一五）年のことだった。それから五年の歳月をかけて完成した中之島線は、鴨東線以来、一九年ぶりの新路線の開業であった。

中之島線は、天満橋駅で京阪本線と分岐し、なにわ橋駅、大江橋《おおえばし》駅、渡辺橋《わたなべばし》駅、中之島駅の四つの駅すべてを地下で結ぶ全長三・〇キロメートルの路線である。中之島駅以外は、駅の近くに存在する橋の名前が採用された。

このなかで、橋の名前と正確に一致していない駅がある。なにわ橋駅だ。土佐堀川《とさほりかわ》と堂《どう》島川《じまがわ》を結ぶ「難波橋《なにわばし》」が駅名の由来であり、大阪にある多くの橋のなかでも、幕府の管理下に置かれた公儀橋のひとつとして、非常に重要な橋であった。だが橋の名称が漢字であるのに対して、なぜかひらがなで表記されている。しかも京阪全駅のなかで、ひらがな表記の駅はここだけだ。

曲線形のデザインが特徴的な「なにわ橋駅」の出入口は、建築家・安藤忠雄が設計したものだ。

なぜ京阪は、なにわ橋駅をわざわざひらがな表記としたのだろうか。

ひらがな駅名のワケ

その背景には、「難波」の読み方の多様性がある。古来、「難波」は「なにわ」と発音されていた。『日本書紀』神武天皇即位前紀条によると、「難波碕に至るとき、速い潮流に出会った。そこから浪速国《なみはや》と名づけた。また波花《なみはな》という。いま、難波と呼ばれるのは訛《なま》れるなり」とある。もともとは「なみはや」と呼ばれていたが、それが訛って「なにわ」と呼ばれるようになったのだと伝わる。東アジア諸国と交渉するための表玄関にあたる「難波津《なにわのつ》」や、七世紀から八世紀にかけて現在の大坂城の南隣の地に築かれた都・難波宮《なにわのみや》も、「なにわ」と音読される。

このように、もともとは「難波」と書いて「なにわ」と読まれていたが、一六世紀後半、現在の南船場一帯に「上難波《なんば》村」が、現在の島之内一帯に「下難波村」が形成されると、「なんば」へと読み方が変化した。一説に、「なにわ」が訛って「なんば」と呼ばれるようになったと伝わる。

現在では、「なんば」といえば南海電鉄のターミナル駅「難波駅」を中心とした大阪・ミナミの繁華街一帯を指す汎称地名として定着。また、南海難波駅の近くには近鉄「大阪難波《なんば》駅」、地下鉄「なんば駅」、JR「難波《なんば》駅」があり、それらも「なんば」と読む。

いざ中之島線が開業し、駅名をつけるにあたって、たんに「難波橋駅」としたら「なんばばし」と誤読される恐れがあった。そこで京阪は駅名をひらがなにすることで、他路線の「難波《なんば》駅」との混同を避けたのである。

なお、なにわ橋駅は意匠を凝らした個性的な駅としても知られる。地下一・二階は吹き抜け構造となっており、開放的な空間が創出されている。また、ホーム向かいの壁に採用されたレンガ調の素材は、駅近くにある大阪市中央公会堂（重要文化財）を想起させる。さらに地下への出入口を世界的建築家・安藤忠夫が設計し、きわめてデザイン性の高い駅となっている。

電車に乗ったと思ったらもう着いた！どうしてこんなに近いの!?

京阪本線
KH 10
土居
どい
Doi

淀屋橋駅から三条駅までを結ぶ全長四九・三キロメートルの京阪本線のうち、駅間の距離が極端に短い場所がある。土居《どい》駅から滝井《たきい》駅の間だ。その距離、四一八メートル。ただ、これは駅の中心地点間の距離で、ホームの端と端との間の距離は、わずかに一五九メートルしかない。ホームの端に立てば、すぐそこには隣駅を見ることができるのである。

また、滝井駅と千林《せんばやし》駅の間も、じつは四四〇メートルしか離れていない。土居〜滝井〜千林間は、駅を出発したかと思えば、スピードを上げる暇もなく、隣駅に到着するというなんとも忙しい区間なのだ。

なぜこれほどまでの近距離に三駅が連続して置かれたのか、不思議に感じる人も少なくないだろう。

近距離に駅を三つ設置した事情

これら三駅のうち、最初に開業したのは千林駅である。京阪本線の開通と同じ一九一〇

（明治四三）年四月一五日に誕生した。当時は、森小路駅と呼ばれていた。

現在、東西六六〇メートルの両側に二〇〇以上もの店が建ち並ぶ千林商店街が駅前に形成されているように、当時からこの近辺は人口が多く、賑わいを見せていた。そのため、駅が設置されることとなったのである。なお、千林商店街は、日本初のスーパーマーケット・ダイエーの一号店が開業していたことでも知られる（一九五七年に開店、二〇〇五年に閉店）。

滝井駅と土居駅が設置されたのは千林駅開業よりも遅く、昭和に入ってからのことだった。滝井駅が一九三一（昭和六）年一〇月一四日、土居駅が一九三二（昭和七）年六月一四日の開業である。

いったいなぜ京阪は、近距離にもかかわらず駅を設置しようとしたのか。その背景には、「大《だい》大阪」時代の到来に伴う急激な人口の増加があった。

一九二五（大正一四）年四月一日、東成《ひがしなり》郡と西成《にしなり》郡の四四の町と村が大阪市に編入されたことで、大阪市の人口は二一一万四八〇四人と二〇〇万人を突破。大阪市は、当時の東京市の人口一九九万五五六七人を抜き、全国第一位の都市となった。また、工業生産額も全国一位を誇る大工業都市へと変貌を遂げた。

こうして「大大阪」が形成されると、周辺の諸都市から大阪市へ人口が流入。千林駅周辺も同様で、もはや千林駅のみではさばき切れないほど、利用客が増加した。そこで京阪は、滝井駅、そして土居駅を設置することで、これに対応したのである。

最盛期には、土居駅だけで一日二万人（一九六六年）もの人が利用したというから、利用客の分散を図る意味でも、近距離に設置された三駅の存在意義は充分にあったといえるだろう。

ただ、近年は三駅周辺の人口の減少に加え、大阪市営地下鉄谷町《たにまち》線・今里筋《いまざとすじ》線の駅が近くに開業したこともあり、三駅の利用客数は減少傾向にある。

だが、千林駅は千林商店街、滝井駅は京阪が誘致した関西医大滝井病院の最寄り駅として、現在も重要な役割を担っている。

一方の土居駅も、一日当たりの乗降客数こそ、京阪本線で二番目に少ない約五六〇〇人に過ぎないが、地域の人の一定の利用があり、京阪としては閉鎖はまったく考えていないとのこと。実際、土居駅と滝井駅間は四一八メートルしか離れていないとはいえ、その間を内環状線が走るため、両駅間の連絡は意外と悪い。線路脇の歩道橋を使う場合は、階段の上り下りを強いられる。また、階段を避けようとすると、結構な距離を歩くこととなる。

近距離に設置された三駅であるが、どの駅も地域の人々にとっては欠かすことのできない大切な駅なのである。

吉田初三郎の沿線案内図、じつは京阪が元祖！

京阪全線

明治時代に登場した鉄道は、日本の人や物の輸送の歴史を大きく変えた。そして日本中に鉄道の路線が網の目のように張り巡らされると、鉄道を利用した旅行ブームが起こることとなる。

その旅行ブームの火つけ役のひとりとなったのが、大正時代から昭和時代にかけて活躍した日本有数の鳥瞰図《ちょうかんず》作家・吉田初三郎《よしだはつさぶろう》である。

鳥瞰図とは、空高く飛ぶ鳥の視点のように、高いところから地上を見下ろした光景を描いた図のことをいう。俯瞰図《ふかん》とも呼ばれる。

吉田が描いた各地の名所の鳥瞰図は、じつに一〇〇〇種以上にのぼるという。遠景も近景も鮮明に一望することができる鳥瞰図は、人々に実際に現地に行ったかのような感覚を与え、旅への憧憬を掻き立てた。

吉田は「大正の広重」とまで謳われ、一躍時代の寵児となる。じつはその契機をつくったのが、京阪のパンフレット制作だった。

皇太子絶賛の沿線案内図

一八八四（明治一七）年、現在の京都市中京区に生まれた吉田は、もともと京都三越呉服店で友禅《ゆうぜん》の図案を手掛けていた。その後、西洋画家を志すため、三越を辞職し、上京。白馬会洋画研究所、関西美術院で学んだのち、恩師・鹿子木《かのこぎ》猛郎《たけしろう》の進言により、商業美術の世界に足を踏み入れた。

そんな吉田に大きな転機が訪れたのは、一九一三（大正二）年のことだった。京阪電鉄の専務・太田光凞（のち社長）から京阪電鉄沿線案内図の制作を依頼されたのである。こうして完成したのが、「京阪電車御案内」だ。

当時の京阪の起点駅・天満橋から終点駅・大津までの路線図を画面いっぱいに描き、その沿線に存在する名所を描いたこの作品は、非常にわかりやすく、見て楽しいと評判を集めた。表紙絵の舞妓の帯には、京阪電車の社紋をデザインするなど、吉田ならではの茶目っ気も取り入れられた。

翌年、この沿線案内図が、裕仁《ひろひと》親王（のちの昭和天皇）の目に止まる。京阪電鉄沿線にある男山八幡宮に行啓された際、吉田が手掛けた沿線案内図を見た裕仁親王は、「これはきれいでわかりやすい。学友の土産としてぜひ東京に持ち帰りたい」と大絶賛したのであ

る。
　この出来事が、吉田が本格的に鳥瞰図絵師を目指すことになったきっかけだったと伝わる。
　以降、吉田は奈良電鉄、神戸有馬電鉄、土佐電気、小倉鉄道など全国の鉄道会社の案内図を手掛けることとなった。いまでこそ、各鉄道会社では独自に沿線案内図を制作しているが、その先駆けとなったのは、じつは吉田の「京阪電車御案内」だったのである。
　なお、吉田の鳥瞰図の制作工程は、「実地踏査・写生、構想、下図、着色、装丁・編集、印刷」の六段階からなっていた。とくに吉田は足で描く、すなわち現地を踏査することにこだわり、現地へ行ってはスケッチして回った。部分的なスケッチを何百枚も集め、それを全路線に当てはめたうえで作成したため、限られた時間

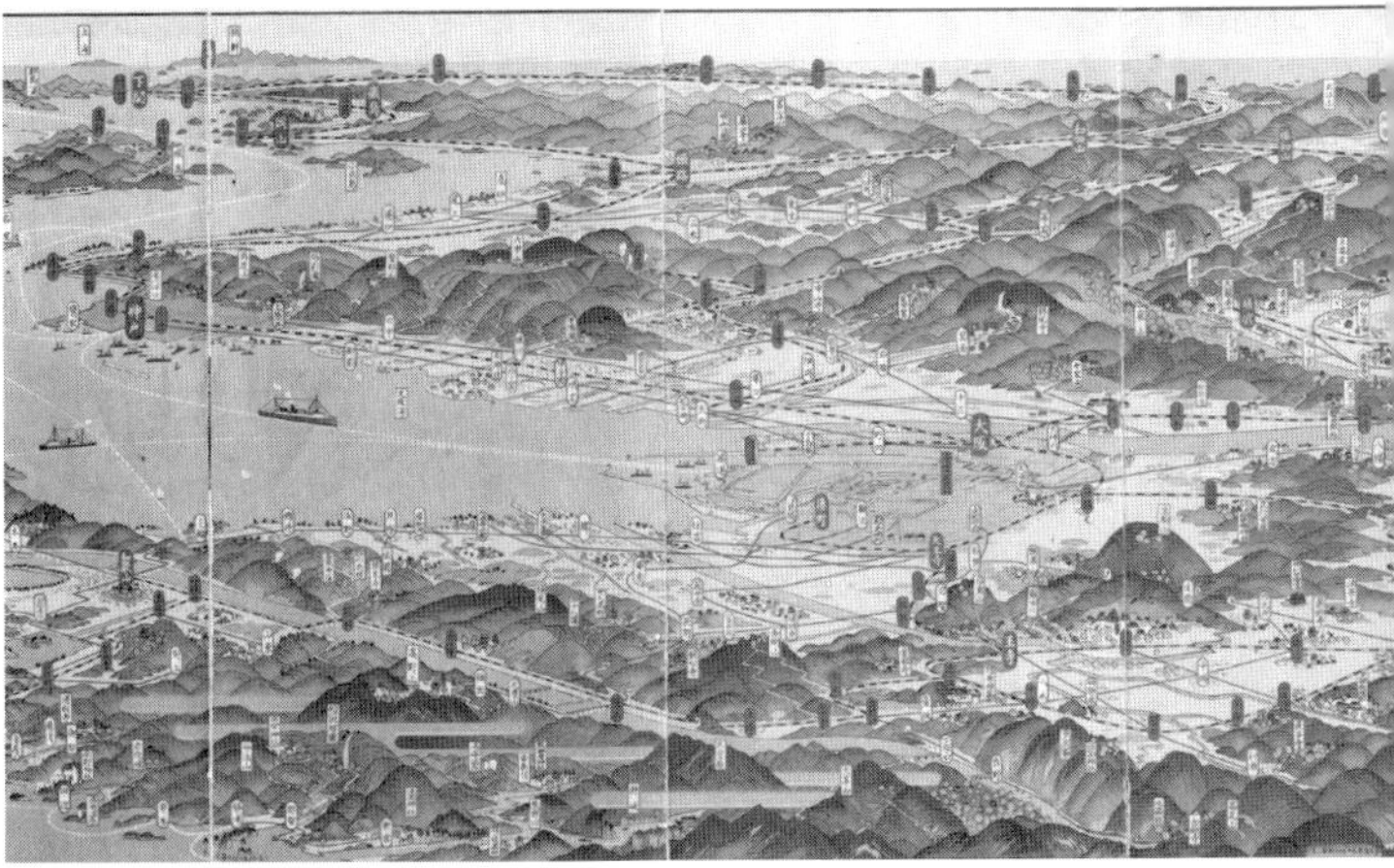

１９２６（大正１５）年に制作された『近畿を中心とせる名勝交通鳥瞰図』。近畿地方を走る鉄道網、及びそれに付随する観光名所が描かれている。カラーでお見せできないのが残念だが、リアルな鳥瞰図は人々の旅に対する意欲を一層掻き立てた。

内で、すべての作業をひとりで終わらせるのは無理があった。そのため吉田は全国各地に画室をもうけ、分業体制をとって多くの鳥瞰図を世に送り出したのであった。

待ち時間は二時間以上！大人気の観光列車を襲った悲劇とは

京阪全線

車内にテレビを搭載したテレビカー（二〇一三年に終了）やラッシュ時の乗降時間を短縮するために開発された日本初の五扉・ロングシート車・５０００系、日本で唯一、路面電車区間と地下鉄を直通運行する８００系など、バラエティに富んだ京阪の車両は、鉄道ファンからの人気が高い。

そのなかにあって、一九五〇（昭和二五）年から一九六〇（昭和三五）年までのわずか一〇年間のみ、毛色の異なる電車が運行されていた。宇治川ラインを走っていた「おとぎ電車」である。

宇治川の右岸、志津川《しづがわ》発電所（一九二四年完成、一九六四年閉鎖）から大峰堰堤《おおみねえんてい》（志津川発電所の取水用のダム。一九六四年廃止）までを結ぶ全長三・六キロメートルの路線だった。

いったいおとぎ電車とはどのようなものだったのか、またなぜ、廃止されてしまったのか。その歴史をひも解いていこう。

おとぎ電車の盛衰

戦後の一九四九（昭和二四）年、京阪電鉄は戦時体制強化の一環として誕生した京阪神急行電鉄から分離、独立を果たした。新たなスタートを切った京阪にとって、喫緊の課題であったのは、いかに乗客数を増やすかということだった。そうして京阪が目をつけたのが、宇治川ラインだった。

当時、宇治川の上流部は不動岩や烏帽子《えぼし》岩といった奇岩が続く名勝地であり、また、一九二五（大正一四）年から大津市外畑～大峰堰堤間を結ぶ遊覧ボートが就航されていたため、関西地方屈指の観光スポットとして人気を集めていた。

ここに電車を走らせたら、きっと遊覧客を呼び込むことができる――。そう考えた京阪であったが、発足してから間もない京阪では資金的な余裕がなく、ゼロから線路を敷設することは不可能に近かった。

そこで京阪は、志津川発電所建設時、資材運搬用として使用されていたトロッコ線に目をつけると、一九五〇（昭和二五）年、同線路の所有者・日本発送電株式会社と借用契約を締結。また、本格的な鉄道として営業すると整備に多大な費用を要することから、鉄道ではなく、「宇治川遊園地の遊戯施設のひとつ」として、開通させることにした。

そして一九五〇年一〇月一一日、宇治川遊園地とともに日本最長の遊戯的電車「おとぎ電車」が開業することになったのである。こうして宇治川沿いを走ることになったおとぎ電車は京阪のもくろみ通り、瞬く間に人気を博し、開業二年目には乗車待ち時間が最大で二時間半にも達するほどだった。これに対して京阪では混雑時、乗車を子どもと女性に限定する方針を打ち出したため、ほかの乗客からは苦情が殺到したという。

しかし、営業は順風満帆というわけではなかった。一九五三（昭和二八）年八月一五日には、大雨で地盤が緩んだ山からの落石により、運休を余儀なくされている。また、同年九月二五日には、台風一三号によって宇治川が氾濫し、軌道のすべてが水没。駅に留置されていた機関車二両、客車五両も流されてしまった。

一時は運行の再開が危ぶまれる事態に陥ったものの、宇治市をはじめ、地元の人々による強い要望があったため、京阪は復旧工事に着手し、一九五四（昭和二九）年四月一日、スペインで人気のあった山岳列車「タルゴ列車」を模した客車を新造、運転を再開させた。

だが、一九五四年七月、度重なる災害によって宇治川における防災の必要性が高まったことから、建設省は宇治川防災ダム（現・天ケ瀬《あまがせ》ダム）の建設を決定。これにより、おとぎ電車の軌道の大半がダムの底に沈むこととなったため、一九六〇（昭和三五）年五月三一日、人々に惜しまれながらも、おとぎ電車はその営業を終えることとなった。

第二章

どうしてこんなことに!?
京阪沿線
謎解きウォッチング

←

守口市駅前の立体交差、じつは豊臣秀吉がつくったもの!?

京阪本線
KH11
守口市
もりぐちし
Moriguchishi

大阪市のベッドタウン・守口《もりぐち》市の玄関口となる守口市駅は、一九一〇（明治四三）年四月一五日、京阪本線の開通と同時に開業した。当初は「守口駅」だったが、一九七一（昭和四六）年に「守口市駅」へと改称。また、一九七九（昭和五四）年に京都方面行きのホームが、翌年には大阪方面行きのホームが高架化され、現在の駅舎となった。推理作家として著名な江戸川乱歩《えどがわらんぽ》も大阪毎日新聞社の記者時代、毎日利用していたという。

駅を降り、西側の交差点へ向かうと、一般道の立体交差を見ることができる。一見、歩道橋のようにも思えるが、上も下もれっきとした道路だ。街中を一般道が立体交差している様子は珍しく感じるが、いったいどうしてこのような構造になっているのだろうか。

伏見〜大坂を結んだ文禄堤

古代、京都から大坂へと至るルートには主に二つの道があった。ひとつは山崎から西国街道を進み、高槻《たかつき》、茨木《いばらき》、吹田《すいた》、天満《てんま》、大坂上町《うえまち》台地へと向かうルート、そしてもうひと

守口市駅前に残る文禄堤跡

文禄堤

秀吉が整備した淀川左岸の堤防「文禄堤」の名残を、いまも守口市駅付近で見ることができる。（写真：Nisiguti）

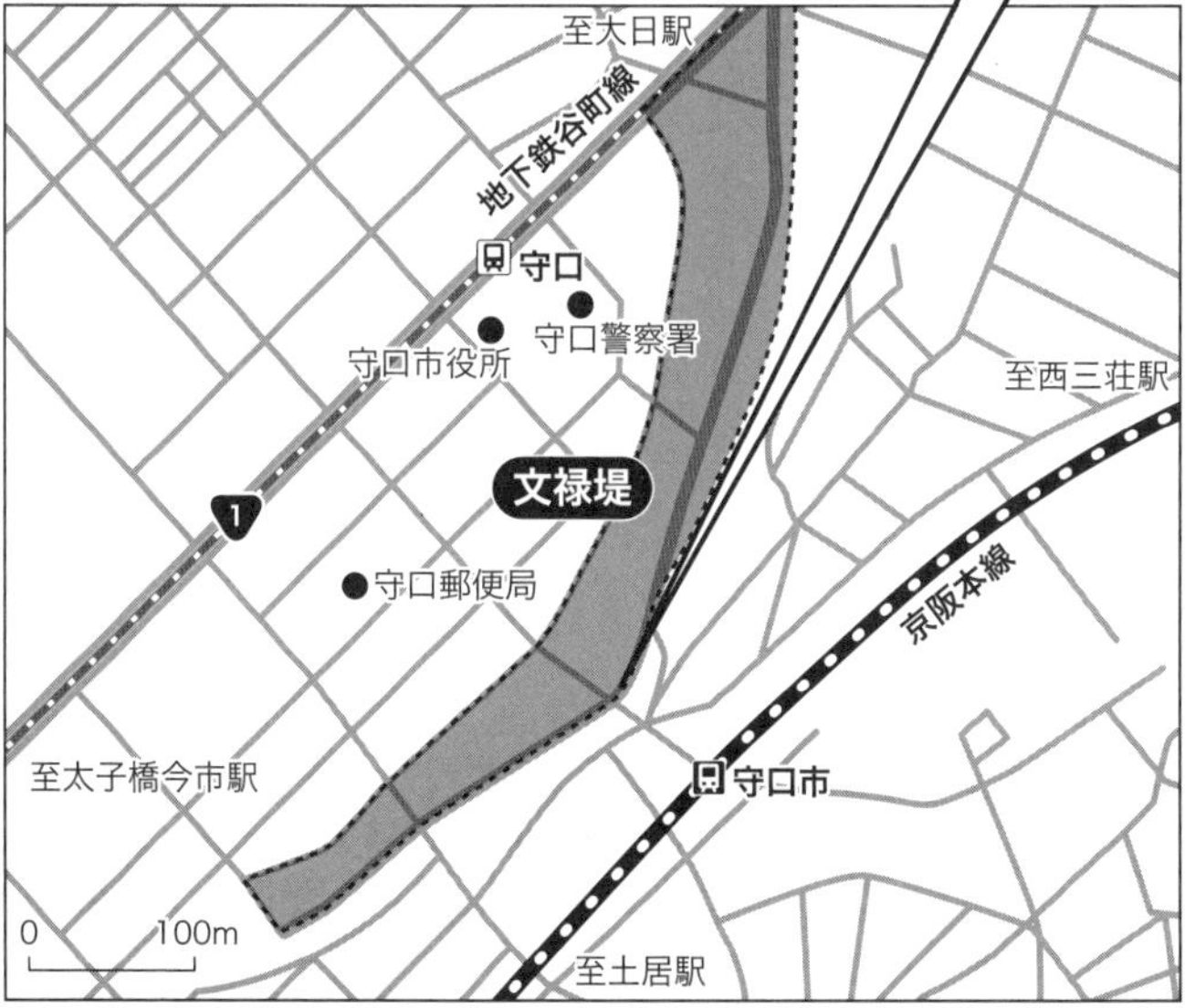

つは、京都八幡《やわた》から東高野街道を進み、河内《かわち》、天王寺《てんのうじ》へと向かうルートである。

だが近世に入り、豊臣秀吉が大坂と京都を押さえると、大坂〜京都間の交通路が大きく変わることとなる。大坂城と伏見城を最短距離で結ぶべく、「京街道」が敷設されたのである。それは、淀川左岸の堤防が修築・整備されて築かれたもので、これにより、堤防の上を歩いて伏見から大坂へ向かうことが可能となった。修築がなされたのが一五九六(文禄五)年だったことから、堤防は「文禄堤」と呼ばれるようになった。

その後、江戸時代になると、京街道も東海道の一部と見なされ、新たに「伏見《ふしみ》」「淀《よど》」「枚方《ひらかた》」「守口」の四つの宿場が設けられた。東海道といえば「五三次」としてよく知られるところであるが、じつは計五七宿あったのである。

明治に入ってもこの道路の重要性は変わらず、「国道第二号」として大阪の最重要道路のひとつに数えられた。京阪本線の路線も、この京街道に沿って敷設されている。

明治以降、淀川と堤防の大改修工事が行なわれたことに伴い、文禄堤はほとんどが壊されることとなったが、それでも、いまなおその姿を留めている場所が残る。それが、冒頭で紹介した立体交差である。上を走る道路が文禄堤の名残で、当時はここが街道として利用されていたのだ。それが後世、文禄堤の下をくぐるようにして堤がくり抜かれ、そこに道路が敷かれたため、現在の立体交差が完成したのである。

京都大学が街道を分断！ なぜこんなことに!?

京阪本線
KH 42
出町柳
でまちやなぎ
Demachiyanagi

京の七口のひとつに数えられる荒神口《こうじんぐち》から北白川を経て、滋賀県大津市へと抜ける道を、「志賀越道《しがこえみち》」と呼ぶ。古くは「山中越」「今道越」「白川越」「近江路」などとも呼ばれていた。いまでは裏道のようなうら寂しい雰囲気を醸し出す街道であるが、古くは京と近江を結ぶ近道としてよく利用されていたようだ。大津の崇福寺《すうふくじ》（現在は廃寺）や坂本の日吉大社《ひえたいしゃ》への参道であったことから、すれ違いもできないほど、人で溢れていた時代もあったと伝わる。

また、室町時代には坂本の湖岸で荷揚げされた物資が志賀越道を通じて京に運ばれるようになり、さらなる賑わいを見せた。

江戸時代に入り、日本海から瀬戸内を舟で結ぶ西廻り航路が発展すると、志賀越道は衰退した。だが、明治以降も近隣の住民の生活道路として用いられ、一部の経路は主要地方道・下鴨大津線としていまに受け継がれている。

この志賀越道のルートを現在の地図で確認すると、不思議なことに気がつくだろう。本来はまっすぐ斜めに通る道であるのに、京都大学のキャンパスで分断されてしまっているのである。なぜ志賀越道はこのような経路となってしまったのだろうか。

衰退した街道

志賀越道分断の経緯は、幕末の情勢と一八六二（文久二）年に同地に下屋敷を構えた尾張藩に起因する。一八五三（嘉永六）年、アメリカのペリー提督率いる黒船が浦賀に来航、それまで鎖国体制を貫いていた国内情勢が一変した。一八五八（安政五）年に幕府が天皇の勅許を得ずしてアメリカと日米修好通商条約を締結すると、反幕勢力が各地に跋扈《ばっこ》するようになり、天皇を拠り所として攘夷運動を展開するようになった。

そうしたなか、必然と天皇の御在所・京都御所を擁する京都は否応なく政争に巻き込まれ、諸藩の大名はこぞって京都に屋敷（藩邸）を構えるようになった。興味深いことに、徳川御三家や会津藩のように幕府側の藩は、鴨川の東（鴨東）の地域に藩邸を置くことが多かった。

京都盆地の東端部に位置し、鴨川と如意ヶ嶽に挟まれた吉田の地に、尾張藩下屋敷が置かれたのは、一八六四（元治元）年のことだった。『吉田御屋敷惣図』によると、当時の尾張藩下屋敷の敷地は南北に長く、周囲に土居、矢来が巡らされ、さらにその外側に空堀

街道を分断する京都大学

現在、志賀越道は京都大学のキャンパスで中断している。幕末、この場所に尾張藩の下屋敷が置かれたことに伴い、すでに道は中断していた。その後、屋敷跡に京都大学の前身となる学校が建ち、いまに至る。

かつては賑わいを見せていた街道も、いまはすっかり裏道の様相を呈している。

が掘られていた。屋敷は敷地の中央の南寄りに構えられ、それを取り囲むように、多くの長屋が配された。

じつはこのとき、尾張藩は荒神橋から白川へ斜めに走る志賀越道を遮断して下屋敷を建造した。前述の通り、江戸時代当時、すでに志賀越道は主要な街道ではなく、荒廃していたためである。

やがて明治維新が起こると、尾張藩下屋敷の敷地は京都大学の前身・第三高等中学校へと引き継がれることとなる。当時、敷地の候補地としては葛野《かどの》郡宇多野谷口《うたのたにぐち》村（北は等持《とうじ》院《いん》、東は花園妙心寺《はなぞのみょうしんじ》、西は仁和寺《にんなじ》の一帯）、愛宕《あたご》郡紫竹大門《しちくだいもん》村（大徳寺《だいとくじ》の南から船岡山《ふなおかやま》建《けん》勲《くん》神社の北）、そして愛宕郡吉田村（旧尾張藩下屋敷地）の三か所あった。このなかで吉田がキャンパス地として選定されたのは、当地が「水質良純なるうえ、東の吉田山を除く三方はみな田野にして、はるか西に鴨川をひかえ、北に百万遍知恩寺《ひゃくまんべんちおんじ》があり、至極の清地である」と判断されたためであった。

こうして一八八九（明治二二）年、第三高等中学校の校舎が完成した。第三高等中学校は一八九五（明治二八）年に第三高等学校へと改組。一八九七（明治三〇）年に京都帝国大学となり、戦後の一九四九（昭和二四）年、京都大学となったが、吉田キャンパスの位置は変わらずに受け継がれているため、志賀越道は分断されたままなのである。

大津市にある施設なのに、実際に管理しているのは京都府!?

石山坂本線
OT 13
三井寺
みいでら
MIIDERA

石山坂本線・三井寺《みいでら》駅の北を、琵琶湖疏水《びわこそすい》は流れる。琵琶湖の水を京都市内に送るために拓かれた人工の川だ。

第一疏水は、大津市三保ヶ崎《みほがさき》の取水口から鴨川の合流点までの約一一・一キロメートルと、鴨川の東岸から伏見堀詰までの約八・九メートルの合計約二〇キロメートルの水路である。第二疏水は第一疏水に沿うようにして走り、その全長は約七・四キロメートル。蹴《け》上《あげ》で第一疏水と合流する。

いまも京都市の上水道を供給する大事な川として重宝されている琵琶湖疏水であるが、そこには数々の不思議が潜んでいる。ひとつ目は、大津市にある取水口の土地が京都府の飛び地となっている点、二つ目は、大津閘門《こうもん》（水位差のある場所で水量を調節し、船の往来を可能にする装置）や水位観測所、揚水機場などといった大津市側にある関連施設の管理を大津市ではなく京都府が行なっている点である。

一見不思議に思えるこの謎の答えは、琵琶湖疏水誕生時の歴史をひも解くことで解明する。

巨額を投じた京都府

内陸部に住まう京都の人々にとって、琵琶湖と京都を舟運《しゅううん》で結ぶことは悲願であった。当時、北陸から運ばれてくる物資は琵琶湖の舟運を通じて大津へ運ばれた。しかしそこから京都へ運ぶためには、一度牛車に積み替える必要があったのである。そこで江戸時代から琵琶湖と京都を水路で結ぶ計画がたびたび持ち上がったが、それがようやく実現に向けて動き出したのは、一八八一（明治一四）年のことだった。

折しも、政治の中心はすでに東京へと移り、一〇〇〇年以上日本の首都として繁栄を続けてきた京都は人口が減少し、衰退を余儀なくされていた。そこで京都復興のため、琵琶湖疏水計画が実行に移されることになったのである。舟運による経済の発展を企図するとともに、工業用水・農業用水・飲料水を確保し、京都の近代化を推し進めようとしたのだ。

いざ工事を実行するにあたり、まず取り組まれたのは疏水用地の確保だった。三井寺や南禅寺《なんぜんじ》などの寺社・仏閣の境内地のほとんどは明治初年の上知令《あげちれい》によって接収され、官有地となっていたことから、国から無償で借用することができた。それ以外の民有地については、京都府が通常の地価の三割増の金銭を支払い、土地所有者に有無を言わさず買収し

南禅寺を流れる琵琶湖疏水。いまも京都市民に上水を提供している。

日本最古の洋式閘門・大津閘門。かつてはここを船が通っていた。

たと伝わる。

一八八五（明治一八）年、いよいよ琵琶湖疏水工事がはじまる。その総工費は一二五万円。工事費のほとんどは、京都府の財源と府民への賦課金によって賄われた。当時の京都府の年間予算額が五〇～六〇万円、内務省土木局の年間予算額が一〇〇万円であったことを考えると、この工事がいかに大事業であったかがうかがい知れる。

工事の途中で日本初の水力発電所が設けられ、京都市内の電車や工業用の電力を供給するようにするなど、一部計画に変更は生じたものの、一八九〇（明治二三）年、大津から鴨川までの琵琶湖第一疏水は竣工した。鴨川から伏見堀詰までは一八九四（明治二七）年に完成。一九〇八（明治四一）年には京都府の水道水の確保と水力発電の増強のため、第二疏水の工事が開始され、一九一二（明治四五）年に完成した。

もうおわかりのことと思うが、琵琶湖疏水の工事を推進したのは京都府であることから、関連施設、土地もまた、京都府に属しているのである。

現在も琵琶湖疏水は約一四五万人の京都市民に年間で二億トン以上もの水を供給しているが、その代償として、京都市は毎年二億二〇〇〇万円の感謝金を滋賀県に支払っている。

京津線
OT 33
追分
おいわけ
OIWAKE

えっ？ 高速道路に転用された路線があるって!?

京都市営地下鉄東西線に乗り入れる京津線のうち、京都方面から来た電車が大津市内に入って最初に停車する駅が、追分《おいわけ》駅である。この辺りは旧東海道と奈良街道との分岐点にあたることから、「追分（街道が左右にわかれる場所を指す）」という地名が生まれた。現在も、駅のそばには国道一号と、日本初の高速道路・名神《めいしん》高速道路が走っており、交通の要衝《ようしょう》であることに変わりはない。

名神高速道路は、愛知県小牧《こまき》市から米原《まいばら》、京都、吹田を経て兵庫県西宮《にしのみや》市へと至る全長約一八九キロメートルの高速道路で、中京圏と阪神圏を結ぶ大動脈の役割を担う。

じつは、名神高速道路を敷設するにあたっては、ある路線が再利用されている。国鉄の旧東海道本線だ。

路線敷を利用してつくられた高速道路

日本ではじめて鉄道が敷設されたのは、一八七二（明治五）年の新橋～横浜間であるが、政府はそれと同時に神戸～京都間の工事も進め、一八七七（明治一〇）年、神戸～京都間が開通した。それから二年後の一八七九（明治一二）年には京都～大谷《おおたに》間が、そして一八八九（明治二二）年、新橋～神戸間の東海道本線全線が開通した。一八九八（明治三一）年には、全線が複線化されている。

しかし、大谷～大津間には標高約三二五メートルの逢坂山《おおさかやま》という難所が存在していた。そのため逢坂山トンネルが掘削されたのであるが、それでも勾配がきついことから、勾配を緩和した新逢坂山トンネルが新たに掘られることとなった。それに伴い、一九二一（大正一〇）年、路線のルートも変更され、現行の東海道本線が完成した。このとき、馬場～稲荷間が廃止となったが、路線敷はそのまま捨て置かれることとなった。

それが再び陽の目を見たのは、戦後に入ってからのことだった。すでに一九四三（昭和一八）年から一九四四（昭和一九）年にかけて東京～神戸間の自動車国道網の整備計画の絵は描かれていたが、一九五六（昭和三一）年、世界銀行のワトキンス調査団の報告書により、工業の発展のためには名古屋～神戸間の高速道路の敷設が欠かせないと判断され、一九五八（昭和三三）年、名神高速道路の建設が開始された。このとき、京都・山科《やましな》から工事ははじめられたが、これは、すでにこの付近のみ、用地買収済みだったためだ。

じつは、京都市内の交通の円滑化を図るべく、一九五五（昭和三〇）年頃から「京都バ

名神高速道路の建設にあたっては、旧東海道本線の軌道敷が再利用された。

イパス」の計画が立てられていた。これは、四宮《しのみや》の東から国鉄旧東海道本線の廃線軌道敷を利用して南下、勧修寺《かんしゅじ》から稲荷を経由し、上鳥羽で国道一号と結ぶという有料道路計画だった。これが、名神高速道路の一部として組み入れられたのである。

旧東海道本線の廃線軌道敷が利用されたのは、コストを抑えるという目的のほか、工期を短縮するという思惑があったと考えられる。こうして一九六五（昭和四〇）年、名神高速道路は全通した。二〇〇八（平成二〇）年、起工五〇年を記念し、旧山科駅の近くに「名神高速道路起工地」と刻まれたプレート碑が設置された。現在、日本各地を結ぶ高速道路の歴史は、ここからはじまったのである。

建物もない、人もいない道路上だけの町が存在する!?

京阪本線
KH 41
神宮丸太町
じんぐうまるたまち
Jingu-marutamachi

災難に襲われたり、お化けに遭遇したりなど、何か恐ろしいことが身の回りに起こると、「くわばら、くわばら……」と唱えることがある。若い世代にはあまりなじみがない言葉かもしれないが、災いを避けるための呪文として、古来、言い伝えられてきた。

それにしても、なぜ「くわばら」なのだろう。その答えを教えてくれる場所が残る。それが、京都市中京区にある「桑原町」だ。じつはこの場所こそ、「くわばら」という呪文の発祥地だといわれているのだ。

桑原町は、北は京都御苑、南は京都地方裁判所に挟まれた一角にある。神宮丸太町駅からは徒歩で一五分ほどの距離だ。しかしいざ現地に行くと、少し様子がおかしい。「町」といえば、家やビルなどが建ち並ぶ場所が想起されるが、桑原町には建物が一軒もないのだ。それもそのはず、なんと道路上に存在するのである。人が住むことはできないため、当然、現在、住民はいない。

普通であれば、このような場所を町として残すことはないが、桑原町の場合は残してお

道路上にのみ存在する謎の町「桑原町」

かなければならない事情があった。それが、「くわばら」という呪文にも関わってくるのである。

菅原道真と怨霊

時は平安時代にまでさかのぼる。現在の桑原町には、学者・政治家の菅原道真《すがわらのみちざね》の屋敷があった。

　幼少の頃より学問の誉れ高かった道真は、時の宇多《うだ》天皇の信任を得て、右大臣の座にまでのぼり詰めた。しかしライバル関係にあった左大臣・藤原時平《ふじわらのときひら》に無実の罪に陥れられて太宰府へ左遷され、失意のまま、同地で没した。

　道真の死後、都では疫病が流行して皇族や貴族が次々と急死したり、各地で干ばつや洪水が起こるなど不穏な出来事が頻発した。時平も三九歳という若さで病死している。

当時、非業の死を遂げた人の霊が祟りをもたらすという御霊《ごりょう》信仰が広まっていたこともあり、人々はこれらの事件を道真の祟りだと信じ、恐れた。その噂を決定的なものとしたのが、京都を襲った雷だった。雷は京都市中を襲い、内裏《だいり》の清涼殿《せいりょうでん》にも落ちた。落雷により、多くの人の命が失われた。

しかし、一か所だけ、雷が落ちない場所があった。それが、道真の屋敷のあった桑原町だったのである。

その後、かねてより人々に災いをもたらす神を火雷天神《からいてんじん》と呼び、畏怖していた信仰と結びつき、道真を天神（雷神）として崇める信仰が誕生。雷が鳴るたび、人々は「くわばら、くわばら」と手を合わせながら唱え、雷が落ちてこないよう、天神に祈るようになったのだという。

桑原町が現在のように道路上だけの土地となったのは、一八七四（明治七）年のことだった。京都地方裁判所の建設にあたり、そのほとんどの土地を買収されたのである。なぜ地名だけが残されたのかは不明であるが、前述のようないわれを持つ土地だけに、慎重に扱われることとなったのだろう。伝統を重んじる京都ならではともいえる。

京阪本線
KH33
深草
ふかくさ
Fukakusa

師団街道、第一軍道、軍人湯……伏見に残る「軍都」の面影

京阪本線・深草《ふかくさ》駅を降りて、西へ向かうと、「師団《しだん》街道」という名の通りに出る。師団とは聞き慣れない言葉であるが、陸軍の編成単位のひとつで、基本的な作戦部隊のことだ。一師団は、歩兵や騎兵、砲兵、工兵、輜重《しちょう》兵など、様々な兵種によって構成されていた。

これだけではない。町を歩くと、「軍人湯」という名の銭湯など、軍事的なイメージを感じさせる場所が数多く残る。じつは深草駅のひとつ隣の藤森《ふじのもり》駅も、一九一〇（明治四三）年の開業当初は「師団前駅」というものものしい名前がつけられていた。

いったいなぜ、伏見にこのような軍関連の名称が残るのか。じつは明治時代から第二次世界大戦後まで、伏見は「軍都」として利用されていたのである。

軍都と化した伏見

伏見に陸軍第十六師団が駐屯したのは、日露戦争後の一九〇八（明治四一）年のことだった。現在の聖母女学院藤森キャンパスの位置に師団司令部が設置され、兵士や武器・弾

現在も、「師団街道」「第一軍道」など軍都時代の名称が残る。

薬を運ぶため、国鉄京都駅から司令部まで、南北に師団街道が開かれた。

また、東西に配された兵器支廠《ししょう》（陸軍の兵器・弾薬などの集積・貯蔵・補給を担当）や練兵場、演習場などの軍施設を結ぶため、第一軍道、第二軍道、第三軍道が整備された。

こうして伏見に多くの兵が駐屯するようになると、兵隊向けに食糧品や日用雑貨、軍服、軍靴などを扱う商店が軒を連ねるようになり、一帯は軍都として発展を遂げることになった。

陸軍第十六師団が伏見から初出動を果たしたのは、一九一八（大正七）年のことだった。米価の高騰に不満を抱いた富山県魚《うお》津《づ》の漁村で暴動が起こると、それを皮切り

軍都・伏見時代の復元図

番号	施設名
❶	兵器支廠
❷	深草練兵場
❸	砲兵第22連隊
❹	輜重兵第16連隊
❺	料秣庫
❻	第16師団司令部
❼	騎兵第20連隊
❽	陸軍衛戍病院
❾	歩兵第9（旧38）連隊
❿	射撃場
⓫	射撃場
⓬	桃山練兵場
⓭	陸軍水道水源地
⓮	工兵第16連隊
⓯	架橋渡河演習所
⓰	陸軍火薬製造工場
⓱	陸軍火薬製造工場
⓲	陸軍火薬庫
⓳	火薬試射場
⓴	高射砲陣地

明治後半以降、伏見の町は軍都化し、陸軍関連施設が至るところに置かれた。
〈出展：『まちと暮らしの京都史』（文理閣）〉

に全国でも暴動が勃発した。いわゆる「米騒動」である。

八月一〇日には京都でも大騒動が発生。それを鎮めるため、武装した師団が出動することとなったのだ。

また、一九三七（昭和一二）年に日本と中国との間で戦端が開かれると（日中戦争）、第十六師団は中心部隊として中国に派遣され、南京《ナンキン》城の占領に一役買っている。

やがて日中戦争の戦線が拡大し、太平洋戦争が勃発すると、第十六師団はフィリピン戦線に投入されることとなり、フィリピン中部・レイテ島に駐屯することとなったが、連合国軍の攻撃の前に壊滅。一万三〇〇〇人いた兵士のうち、無事日本に帰国することができたのは、わずか六二〇名に過ぎなかった。

戦後、陸軍が解体されたことに伴い、伏見も軍都としての役割を終えることとなった。だが、師団街道という名称はそのまま残され、また、司令部の庁舎も聖母女学院の校舎として転用され、赤レンガの威容を誇っている。

そのほか琵琶湖疏水に架かる師団橋など、いまも伏見の町を歩くと、かつての軍都としての面影を至るところで見出すことができ、戦争の歴史をいまに伝える役割を果たしているのである。

かつては琵琶湖上を数千もの船が往来していた!?

石山坂本線
OT 12
浜大津
はまおおつ
HAMAOTSU

滋賀県が誇る琵琶湖は日本最大の湖であり、その美しい景観や自然豊かな環境から多くの人に親しまれている。二〇一五（平成二七）年には「琵琶湖とその水辺景観―祈りと暮らしの水遺産」として、文化庁から日本遺産に指定された。現在、一帯にはのどかな風景が広がる。だが、かつてはまったく違う様相を呈していた。古来、琵琶湖は水運の重要な交通路として利用され、湖上には多くの船が行き交っていたのである。

もともと坂や山道の多い日本では、一度に大量の物資や人を運ぶ輸送手段として古くから舟運が発達した。なかでも、琵琶湖は北国《ほっこく》と畿内を結ぶ場所に位置しており、また、湖上のほとんどが静水域にあたることから、安全な水運路として重要視されてきた。

琵琶湖における舟運の歴史は古く、日本最古の歌集『万葉集』に、「磯の崎　漕ぎ廻《た》み行けば　近江の海　八十《やそ》の港に　鶴《たづ》さはに鳴く」とうたわれている。また、一〇世紀には、北陸諸国の貢租《こうそ》米は、近江の勝野津、もしくは越前の塩津から琵琶湖経由で大津へ運ばれ、そこから陸路で京の都へ運ぶよう、規定されていた。

多くの船が行き交っていた琵琶湖

このように琵琶湖は古来、交通の要衝であったことから、時の権力者たちはこぞって琵琶湖を手中に収めようとした。

たとえば織田信長は、本拠である岐阜と京都を安全に往来できるルート確立のため、長浜に羽柴秀吉を、坂本に明智光秀を配して南北の水路を確保している。

信長の死後に天下を握った秀吉も琵琶湖を重視し、北国～琵琶湖～大津～逢坂峠～京都・伏見の輸送ルートを確立するとともに、輸送体制の強化を図るべく、大津港を一大物資集散地として拡充、整備した。

江戸時代に入っても、琵琶湖は物流の拠点として幕府の統治下に置かれた。当時、物資と人の運搬を担ったのは、「丸子船《まるこぶね》」と呼ばれる琵琶湖特有の和船だった。丸木を縦に半分に割ったような形状をしていたことから、その名がついたという。大きさは六石積から四二〇石積まで様々あったが、なかでも一〇〇石積の丸子船が大半を占めた。年貢米や、塩魚類・ニシン・昆布といった北国の特産物などは、この丸子船で運搬して大津港へと荷揚げされた。江戸時代中期、大津港には荷揚げ場となった関が一三も存在していたといい、その関を中心として、計一九の諸藩の蔵屋敷が建ち並んでいた。

一方、丸子船以上に琵琶湖上を走っていたのは、「艜船《ひらたぶね》」だった。細長く、底が平たいことから、「平田船」とも呼ばれる。これは主に琵琶湖岸沿いに形成された村の人々が農作業用の道具や作物を運搬したり、耕地へ移動したりするために用いた船だ。ただし、艜船が琵琶湖上を縦横に走り回ることは禁じられていたため、琵琶湖の岸伝いを走った。

一六〇一（慶長六）年には一二二八艘の船が琵琶湖上を走っていたというが、時代を経るにつれてその数は増えていき、享保年間（一七一六～三五年）には三七〇〇艘もの船が存在していたといわれる。その膨大な数から、琵琶湖がいかに重要視されていたかをうかがうことができよう。

琵琶湖舟運ルート

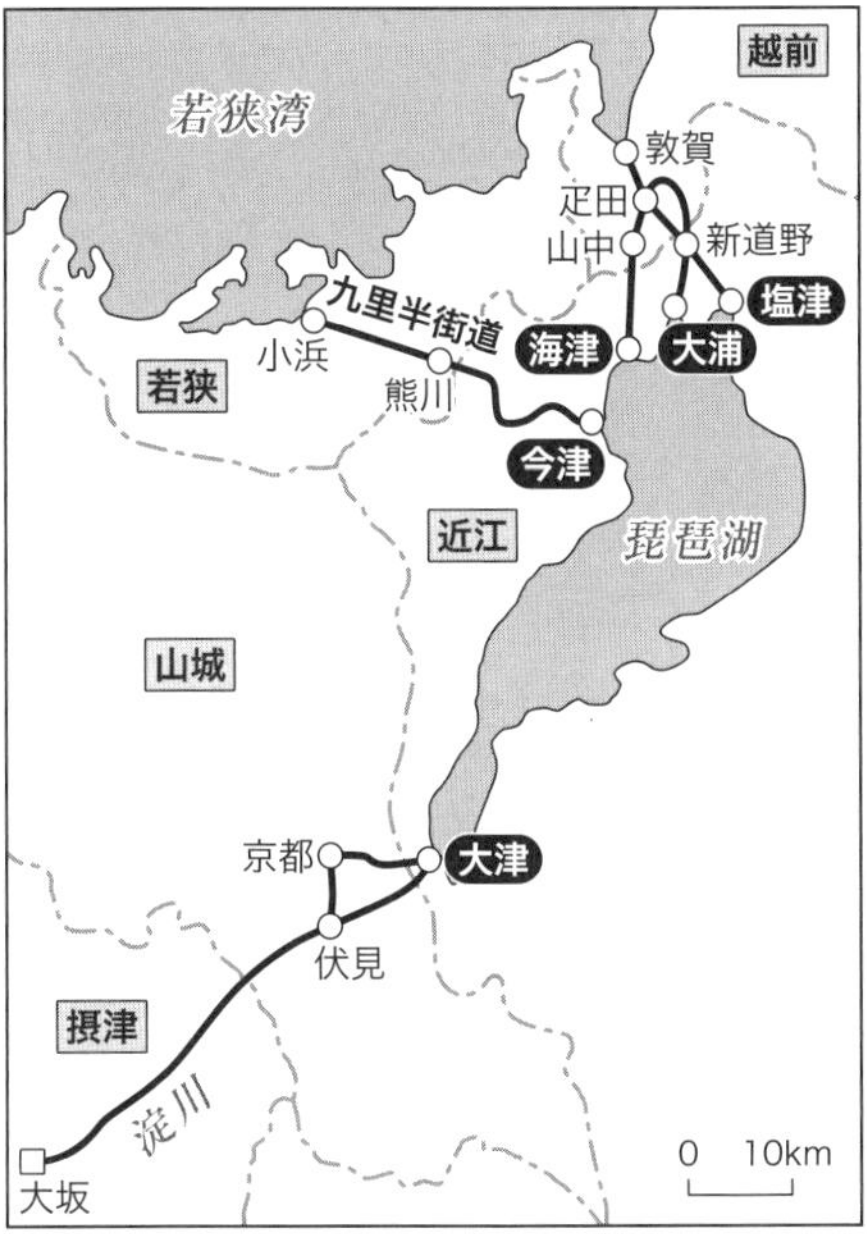

当時、若狭湾で荷揚げされた物資は街道を通じて琵琶湖周辺の津へと運ばれ、そこから船で琵琶湖を通過。大津まで運ばれた。大津からは再び街道を通じて京都、大坂へと運ばれた。

　だが、琵琶湖の舟運は次第に規模を縮小してい

歌川広重の『近江八景』のうち、「矢橋帰帆（やばせきはん）」（左）、「瀬田夕照（せたせきしょう）」（右）。かつて琵琶湖は舟運の一大拠点だった。

くこととなる。西廻り航路が開かれ、日本海沿岸から山陰《さんいん》、下関《しものせき》を経由し、瀬戸内海を通じて大坂へ物資が運ばれるようになると、琵琶湖経由で大津へ運ばれる物資は減少の一途をたどった。さらに一八八九（明治二二）年に東海道線が全通すると、輸送の主流を担うのは鉄道となった。それでも、一九六五（昭和四〇）年頃までは湖岸部において船の利用が見られたというが、琵琶湖の舟運はこうしてその使命を終えたのであった。

　現在は、舟運の代わりに琵琶湖上を遊覧船や観光船が走り、舟遊を楽しむことができる。琵琶湖の雄大な景色を愛でながら、往時の湖上の賑わいに思いを馳せるのもまた一興だろう。

京阪本線

KH 03

天満橋

てんまばし

Temmabashi

江戸時代もいまもここが一大旅客ターミナル！

京阪本線開通時の起点駅として開業した天満橋駅は、当初、天満橋の南詰に駅舎が設置されていた。このときは簡素なつくりだったというが、一九一四（大正三）年には三面四線のホームへ、一九三三（昭和八）年には四面六線のホームへと拡大され、さらにはデパートの併設駅となるなど、着実にターミナル駅としての体裁が整えられていった。その後、一九六三（昭和三八）年、淀屋橋駅までの延伸に伴って地下駅となり、天満橋の西側、現在地へと移された。かつての天満橋駅の跡地には、現在、大阪マーチャンダイズ・マートビルが建ち、そのなかに京阪本社も入居している。

二〇〇八（平成二〇）年、天満橋駅の北側の河川敷に、「八軒家浜《はちけんやはま》船着場」が開港した。巨大な浮き橋を三つ連結し、船着場自体が水に浮く構造となっている。エントランスは天満橋駅と直結し、水の都・大阪を象徴するスポットとして注目を集めているが、そもそもなぜここに船着場が設けられたのだろうか。

じつは、かつてはこの周辺が旧淀川水運の拠点であり、舟運のターミナルだったためだ。

多くの船が発着した一大ターミナル

古くは奈良時代、現在の天満橋付近には渡辺津と呼ばれる船着場が設置されていた。そして紀州へと向かう熊野街道と接続する、水上交通と陸上交通の結節点となる地でもあった。それが八軒家と呼ばれるようになったのは、江戸時代のこと。もともとは「十日宿」と呼ばれていたというが、いつしか船着場付近に八軒の船宿が建ち並んだことから、八軒家と呼ばれるようになったと伝わる。

この八軒家船着場は、主に三十石船の発着場として利用された。三十石船は長さ約一七メートルで、定員は二八名。そのほか船頭が四人乗車していた。大坂と京都・伏見を結び、伏見から大坂までは川の流れに乗るのでおよそ半日の時を要した。一方、川の流れに逆らう大坂～伏見ルートは、船曳人足《ふなびきにんそく》が縄で船を引っ張って動かしていたため、伏見に到着するまでにほぼ一日かかったと伝わる。

それでも、移動手段が限られていた江戸時代、旧淀川水運は大坂～伏見間の大動脈として機能し、一七二二（享保七）年には七四〇もの船が往来していたという。その第一のターミナルであった八軒家は昼夜を問わず船、人で賑わいを見せた。

明治に入ると、三十石船に代わり、蒸気船が就航した。下りは三時間半、上りは六時間

『摂津名所図会』より「八軒屋」。船の乗客や、それらを見込んで集まった商売人などにより、常に賑わいを見せていた。

と運航時間は大幅に短縮され、利便性が向上したことから、やはり多くの人が八軒家を利用した。しかし一八七七（明治一〇）年に大阪〜京都間の鉄道が開通すると、それに伴って舟運は徐々に衰退。また、一九二七（昭和二）年から一九三二（昭和七）年にかけて寝屋川と大川との合流点を現在の地点へとつけ替え、寝屋川の下流部を埋め立てたことにより、八軒家船着場はその姿を消すこととなった。

二〇〇八年に水の都・大阪再生の拠点として創出された八軒家浜船着場には、現在、遊覧船や屋形船などが発着する。かつての舟運の様子を見ることはできないが、今日も「水陸交通のターミナル」として、存在感を放っている。

駅から寺まで乗客を運んだのはなんとモーターボート!?

石山坂本線
OT 01
石山寺
いしやまでら
ISHIYAMADERA

石山寺《いしやまでら》～坂本間全長一四・一キロメートルを結ぶ石山坂本線の起点・石山寺駅は、琵琶湖南屈指の名刹・石山寺の最寄り駅である。駅を降りて、瀬田川沿いに一〇分ほど歩けば、石山寺へとたどり着く。

石山寺の創建は、七四七（天平一九）年にさかのぼる。奈良・東大寺を開山したことで知られる華厳《けごん》宗の僧・良弁《ろうべん》僧正が聖武《しょうむ》天皇の勅願によって開基したと伝わる。開山について、『石山寺縁起』は、次の伝承を記す。

――聖武天皇の命を受け、良弁は東大寺の大仏殿建立に必要な黄金を見つけるため、吉野・金峯山寺《きんぷせんじ》で祈願を行なった。するとその夜、夢枕に蔵王権現《ざおうごんげん》が立ち、「近江国志賀《しが》郡、水海の岸の南にひとつの山がある。その地で祈願せよ」と良弁に告げた。さっそく良弁がお告げの通りにすると、陸奥《むつ》国から黄金が出土したとの報が入った。安堵した良弁は帰国しようとしたが、祈願に用いた如意輪観音《にょいりんかんのん》が岩山から離れようとしなかった。そこで良弁は、この像を本尊とする一寺を建立した――

石山寺本堂。1096（永長元）年頃の建造と伝わる。滋賀県下では最古の建造物であり、国宝に指定されている。

こうしてできたのが、石山寺だという。

その後、京都に都が遷ると（平安京）、石山寺は都に近い観音霊場として多くの貴族の帰依を受けるようになり、石山詣が盛んとなった。紫式部も石山寺に参篭し、『源氏物語』を書いたといわれる。

中世には源頼朝や足利尊氏といった武家政権の頭領の庇護を得て大いに栄えたが、戦国時代、織田信長の焼き討ちによっていったん荒廃。だがその後、豊臣秀吉の側室・淀殿や徳川幕府の寄進を得て現在にまでその歴史を伝えている。

景観が美しすぎたために断念した路線延伸

石山坂本線を敷いたのは、京阪ではなく

大津電車軌道で、一九一三（大正二）年三月一日、大津（現・浜大津）～膳所《ぜぜ》（現・膳所本町）間を開業した。その後、順次路線は延伸され、一九一四（大正三）年六月四日には、蛍谷《ほたるだに》駅（現・石山寺駅）までを開通した。

大津電車軌道としては、名刹として名の知れた石山寺へのアクセスをより便のよいものとすべく、さらに南へ路線を延伸することを望んだ。蛍谷駅から石山寺までは八〇〇メートルほど離れていたためだ。

しかし、該当区間の西側一帯の地は琵琶湖畔の名勝地として名高く、開発の許可が下りなかった。そこで大津電車軌道が取った施策が、モーターボートの運航だった。瀬田川にモーターボートを走らせ、駅から石山寺まで乗客を運んだのだ。

このモーターボートによる連絡は、一九一八（大正七）年から、大津電車軌道が京阪に合併される一九二九（昭和四）年まで行なわれていたという。

いまからすればとても考えられないが、モーターボートから見る瀬田川岸の風景は車窓とは異なり、多くの人を魅了したのである。

第三章

意外に知らなかった！あの名所に潜む不思議の数々！

いまに残る淀城に、淀殿は住んでいなかった⁉

京阪本線
KH 27
淀
よど
Yodo

京都競馬場の最寄り駅である京阪本線・淀《よど》駅の近くに、淀城の本丸と天守台の遺構である巨大な石垣と濠が残る。

淀城といえば、豊臣秀吉の側室・淀殿の居城としてよく知られている。淀殿は茶々という名だったが、秀吉から淀城を与えられたことにちなみ、淀殿と呼ばれるようになった。

だが、淀殿が住んでいた淀城は、いま私たちが目にすることのできる城跡ではない。じつは淀には、かつて淀城が二つ存在していたのである。

淀城の歴史

初めて淀の地に城が築かれたのは、室町時代末期のことだといわれる。現在の淀城跡と区別するため、淀古城と呼ばれる。淀城跡から北へ五〇〇メートルほど行った納所《のうそ》地区にあった。淀川の三角州上に築かれた天然の要害であり、また、水陸交通の要衝でもあったことから、洛南における軍事拠点として重要視されていた。

築城年代、築城主ともに不明であるが、『東院年中行事記』一四七八（文明一〇）年八月一一日条に「山城守護代遊佐弾正《やましろしゅごだいゆさだんじょう》の代……神保与三左衛門、淀へ入部す」とあり、この頃は城が守護所（郡代役所）として利用されていたことがわかる。

一五〇四（永正元）年には摂津守護代・薬師寺元一《やくしじもとかず》が淀古城を拠点として室町幕府管領《かんれい》・細川政元《まさもと》に反旗を翻している。また、一五五九（永禄二）年には、室町幕府十三代将軍・足利義輝《よしてる》を牽制すべく、室町幕府管領・細川氏綱《うじつな》が淀の中島の出城とともに、淀古城の整備を行なっていることを見ても、淀古城の要衝としての重要性をうかがい知ることができよう。

氏綱の死後、淀古城の城主は三好義継《よしつぐ》、松永久秀方武将、三好長逸《ながゆき》の家人・金子某と移り変わり、一五六八（永禄一一）年、織田信長の手に落ちた。

その後、一五八二（天正一〇）年六月二日、本能寺で信長を殺害した明智光秀が淀古城を改修したという記録（『兼見卿記《かねみきょうき》』）が残る。これは、中国地方から京都へ取って返した秀吉の動きに呼応したものと見られる。だが同年六月一三日、山崎の戦いで秀吉が光秀を撃ち破ったのち、京都が秀吉の勢力下に収まったことに伴い、淀古城もまた、秀吉の治めるところとなった。

信長亡きあと、天下統一に向けて着実に地歩を進めていった秀吉が、淀古城の大々的な改修に乗り出したのは、一五八九（天正一七）年のことだった。側室・茶々が懐妊したため、淀古城を産所とし、茶々に与えたのである。

　こうして同年五月二七日、秀吉の待望の第一子・鶴松《つるまつ》が誕生するが、その二年後、残念ながら夭逝してしまった。このときの秀吉の落胆ぶりは、見るに堪えないものであったと伝わる。

　その後、一五九二（文禄元）年の文禄の役で戦功を立てた木村重茲《きむらしげこれ》が淀古城に入ったが、一五九五（文禄四）年、秀吉の新たな拠点として計画された伏見城の築城に伴い、淀古城は廃城とされた。

　当時の遺構は何も残されていないが、妙教寺（京都市伏見区）の境内に淀古城址と刻まれた石碑が建つ。

　こうして城が失われた淀に、再び城が築かれたのは、一六二三（元和九）年のことだった。それまで京都の南の押さえを担っていた伏見城の廃城に伴い、江戸幕府が松平定綱に命じてまったく新しい地に防衛拠点として築城させたのである。一の丸、二の丸、三の丸、西の丸、東曲輪に加え、三八の櫓、二一の門が備えられた大規模な城郭だった。

　淀城は江戸時代を通じて威容を誇ったが、明治維新後に廃城となり、その歴史に幕を下ろした。

淀駅周辺に存在する2つの淀城跡

淀古城跡(納所)
室町時代の築城。戦国時代、豊臣秀吉の側室・淀殿の住まいとなる。1595(文禄4)年に廃城となり、その遺構は伏見城の築城に再利用されたという。現在、妙教寺の境内に「淀古城跡」と刻まれた石碑が建つ。

現在の淀城跡
1623(元和9)年、二代将軍・徳川秀忠の命により、松平定綱が築城を開始。1625(寛永2)年にはほぼ完成を見た。明治維新後、廃城となる。跡地は淀城跡公園として整備され、いまも遺構を見ることができる。

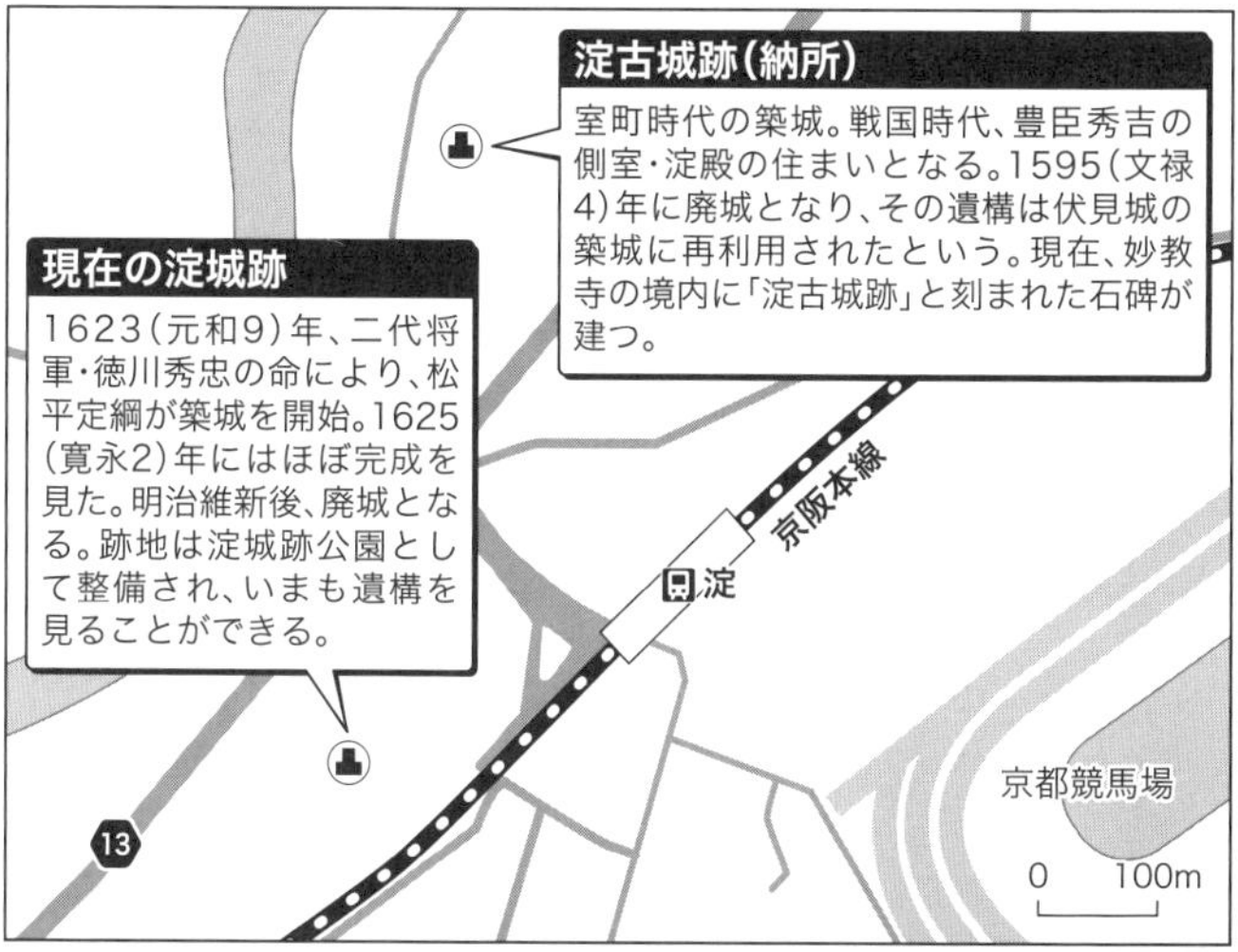

淀城は明治時代に破却されたため、往時の威容を見ることはできないが、本丸、天守台の遺構が、わずかにかつての歴史を伝えている。

ひとたび立ち入ればそこは異国!? 日本の寺院とは一線を画した萬福寺

宇治線
KH 75
黄檗
おうばく
Obaku

平等院鳳凰堂《びょうどういんほうおうどう》や宇治橋、観月橋《かんげつきょう》、伏見桃山陵など、数々の歴史的名所・旧跡へと観光客を運ぶ宇治線。同線にある黄檗《おうばく》駅もまた、黄檗山萬福寺《まんぷくじ》という禅宗寺院の最寄り駅として、多くの人に利用されている。駅名も、同寺にちなんでつけられたものだ。もともと一九一三（大正二）年六月の開業時は黄檗山駅という名称だったが、一九二六（大正一五）年に黄檗駅と改称され、いまに至る。

駅を降りて、東へ五分ほど歩くと、萬福寺が見えてくる。初めて同寺を訪れる人は、その様相に少し驚くかもしれない。伽藍《がらん》配置や装飾などはすべて中国風となっており、まるで異国に迷い込んだかのような錯覚を起こさせる。とくに本堂の手前、弥勒菩薩《みろくぼさつ》の化身とされる布袋《ほてい》像が祀られる天王殿《てんのうでん》は中国の禅宗寺院特有のもので、日本ではここでしか見ることができない。

また、仏教寺院といえば精進料理が知られるところであるが、萬福寺の精進料理は日本のそれとは趣《おもむき》が異なっている。もちろん、肉類や魚介類は用いず、野菜や穀物などが主た

黄檗山萬福寺の天王殿に祀られている布袋尊。諸縁吉祥、縁結びの神として信仰を集めている。

る材料である。ただ、その振る舞い方がまるで異なる。みなで卓を囲み、大皿に盛りつけられた料理を各々自分の皿に取り分け、和気あいあいと食するのだ。音を立てず、静かに食べることをよしとする禅宗寺院とは一線を画した中国風の精進料理である。これを「普茶《ふちゃ》料理」という。

それにしても、なぜ日本にこのような中国風の禅宗寺院が存在するのだろうか。歴史をひも解くと、日本に黄檗宗の教えが伝来したのは、一七世紀にまでさかのぼる。

隠元がつくった中国風の寺院

日本に黄檗宗をもたらしたのは、中国・黄檗山萬福寺の僧・隠元隆琦《いんげんりゅうき》である。ただし、中国の萬福寺は臨済宗楊岐《ようき》派であり、あくまでも臨済宗の一派に属していた。

隠元が日本にやってくる契機となったのは、長崎・興福寺の僧・逸然《いつねん》や、長崎に在留していた中国人たちからの強い要請だった。

当時、江戸幕府は寺請《てらうけ》制度を施行していた。これは、村落に住まう民衆すべてを檀家《だんか》として寺院に所属させ、管理するというものだ。これに伴い、在留中国人たちは自分たちが拠《よ》るべき寺院を求め、隠元を招聘したのである。

これに応じた隠元は、一六五四（承応三）年、二〇人余の弟子とともに来日。やがて江戸幕府四代将軍・徳川家綱《いえつな》や御水尾《ごみずのお》天皇の帰依《きえ》を受けるようになると、宇治の地に九万坪もの寺地を賜り、一六六一（寛文元）年、禅寺を建立した。このとき、隠元は山号や寺号はもとより、伽藍配置、仏像にいたるまで、中国の黄檗山萬福寺を模してつくり上げた。その後も一七四〇（元文四）年に日本人の龍統元棟《りょうとうげんとう》が一四世住持となるまで、代々中国人僧侶が住持を務めていたため、日本の禅宗とは異なる様式が醸成されたのである。

ただ、当初は臨済宗黄檗派と呼ばれていた。だが隠元のもたらした禅の教えは浄土教と密教を包括したまったく新しいものであり、また、儀式・作法とも臨済宗とは趣を異にしていたことから、一八七六（明治九）年、一宗として独立し、「黄檗宗」と称するようになったのである。

石清水八幡宮の放生川をにごらせたのはなんと神様!?

鋼索線

男山山上
おとこやまさんじょう
Otokoyama-sanjo

八幡《やわた》市駅と男山山上《おとこやまさんじょう》駅を結ぶ全長〇・四キロメートルの鋼索《こうさく》線（男山ケーブル）は、一九二六（大正一五）年、男山山上に鎮座する石清水八幡宮《いわしみずはちまんぐう》への参拝客輸送のため、男山索道が開業した路線だ。

その後、男山索道は男山鉄道と改称し、京阪の子会社となるが、戦時中、不要不急路線であると見なされたために鋼索線の線路、設備はすべて撤去され、軍需資材として鉄の供出がなされた。

その後、しばらく徒歩で石清水八幡宮へ向かう時代が続いたが、一九五五（昭和三〇）年、京阪が新たに鋼索線を敷き、再開業を果たした。

八幡市駅から三分ほどケーブルカーに揺られると、終点・男山山上駅へとたどり着く。そこから徒歩五分のところに、石清水八幡宮は鎮座する。

石清水八幡宮の創建は、八五九（貞観元）年、奈良・大安寺の僧侶・行教《ぎょうきょう》が豊前《ぶぜん》国（現・大分県）の宇佐《うさ》八幡宮で「われ都近くに移座して国家を鎮護せん」との神託を受けたことにはじまる。

行教がさっそくそれを時の清和《せいわ》天皇に奏上したところ、天皇は社殿の建立を下命。八六〇（貞観二）年、社殿が完成し、応神《おうじん》天皇、比咩《ひめ》大神、神功《じんぐう》皇后の三柱の神々が奉安された。

当時、男山は平安京から見て裏鬼門の方角にあたっていた。また、淀川を通じて京都と大阪を結ぶ交通の要衝でもあったため、石清水八幡宮は都の鎮護社として、朝廷から伊勢神宮に次ぐ篤い崇敬を受け、発展を遂げた。

放生川が濁っている理由

現在、石清水八幡宮では年間に一〇〇余もの祭典が執り行なわれている。なかでも、もっとも重要な儀式として捉えられているのが、毎年九月一五日に行なわれる石清水祭だ。天皇の使い・勅使が参向する勅祭であり、葵祭、春日祭とともに三大勅祭のひとつに数えられている。

石清水祭の起源は古く、八六三（貞観五）年、八幡大神が放生川《ほうじょうがわ》（大谷川）に魚を、野に鳥を放ち、生き物の命を敬った石清水放生会にはじまる。九四八（天暦二）年に勅祭となり、九七四（天延二）年には、雅楽寮《ががくりょう》の楽人・舞人が放生会に際して楽舞を奏することが定められた。戦乱で途絶えてしまうこともあったが、平安時代の伝統を持つ行事はその都度再興され、いまにまで受け継がれている。

現在、祭りの核となる放生会は、午前八時から行なわれる。放生川に魚や鳥を放ち、川に架かる安居橋《あんごばし》の上では胡蝶《こちょう》の舞が奉納される。

このとき川の様子を見て、違和感を覚える人もいるかもしれない。「石清水」という名の通り、一帯には清い水が湧き出ているが、なぜか放生川の水は濁っているのだ。

じつは、これにはきちんとした理由がある。『男山考古録』（一八四八年刊）によると、「放生川は魚が棲みやすいよう、神様があえて濁した」のである。逆に、「もし川の水が澄みわたるようなことがあれば、それは何かが起こる前触れだ」という。

すなわち、濁っているのが当然の状態なのであり、石清水八幡宮としても、濁らせるために特別何かをしているわけではないという。

ただ近年、廃棄物やヘドロなどで川が汚染され、魚が棲めるような環境ではなくなってしまった。そのため、石清水八幡宮では地域のボランティアの人々と力を合わせて清掃活動を行ない、川をきれいにしたということだ。こうして再び、放生川で魚が泳ぐ姿を見ることができるようになった。

東福寺の三門に掲げられた扁額、よく見ると漢字が違う!?

京阪本線
KH 36
東福寺
とうふくじ
Tofukuji

京阪本線の開通時に開業した東福寺《とうふくじ》駅を降りて、南東へ一〇分ほど歩くと、駅名の由来となった東福寺が見えてくる。

東福寺は、臨済宗東福寺派の三六〇余寺を統《す》べる大本山にして、京都五山のひとつに数えられる名刹だ。

創建は、一二三六（嘉禎二）年にまでさかのぼる。時の摂政・九条道家《くじょうみちいえ》が祖先を弔うために建立を開始した。その際、当代きっての規模を誇っていた東大寺と、やはり当代一教学に優れていた興福寺から一字ずつ取り、東福寺と名づけられたと伝わる。残念ながら道家の生前に完成は見ず、一二五五（建長七）年、子の実経の時代に諸堂が完成した。当初は旧仏教側との摩擦を避けるべく、天台、真言、禅の三宗兼学道場とされたが、やがて禅宗のみの寺院となった。

境内には、紅葉の名所として名高い「通天橋《つうてんきょう》」や、一四五九（長禄三）年に建てられた京都最古の浴室（重要文化財）、室町時代の建築で日本最古の貴重な禅宗様式の東司《とうす》（ト

国宝・三門。禅宗寺院でありながら、大仏様という建築様式が取り入れられているのは、東大寺大仏殿が参考にされたため。

イレのこと。重要文化財）など見所が多々ある。

三門に見られる不思議な光景

そんな貴重な建造物のなかで、とくに注目に値するのが、国宝の三門・妙雲閣《みょううんかく》だ。三門とは、解脱《げだつ》を経て悟りの境地に至るための三つの法門（空門、無相門、無願門）のことで、三解脱門とも呼ばれる。建築上は、中央の正門と、二つの脇門を合わせて三門という。二階二重門の豪壮な構造となっており、その高さはじつに二二メートル。これは、禅宗寺院の現存する三門のなかでは最大規模を誇る。また、応永年間（一三九四〜一四二八年）の再建であり、日本最古の三門でもある。

その三門の二階中央には、室町幕府第四代将軍・足利義持《よしもち》の筆とされる扁額《へんがく》が掲げられている。しかしよく見ると、おかしなことに気がつく。「妙雲閣」と書かれるべきであるのに、妙の字が「玅」となっているのだ。

将軍が漢字を間違えたのか、と思ってしまいそうになるが、そうではない。これは当時、禅寺が女人禁制だったためである。

「妙」の字をよく見てほしい。そこには、「女」という文字が入っている。これでは女人禁制の禅寺にふさわしくないということで、わざわざ妙の異体字である「玅」を用い、女性が入ることを避けたのである。文字までも女人禁制を貫くとは、かなりストイックであった様子をうかがい知れる。

なお、同じ京都市内にある寺院のなかで、本能寺もまた、異体字を用いた寺として知られる。本能寺ではなく、本「䏻」寺と表記されているのだ。

歴史上、本能寺はたびたび災禍にあい、これまでじつに四度も場所を移転し、七度も堂宇を再興している。そのため、火難を避けるということで、「能」の「ヒ」を「去」に変え、「䏻」という字を用いるようになったのである。

京阪本線
KH 16
萱島
かやしま
Kayashima

どうしてこんなことに!? 駅のホームを貫く大木

京阪本線・萱島《かやしま》駅の下りホームにはじめて降りた人は、きっと目の前に広がる光景に驚きの声を上げるにちがいないだろう。何しろ、ホームを貫いてクスノキの大木が生えているのだ。木の幹は地上から生え、高架線の上につくられた萱島駅を貫いているのだから、まさに圧巻である。

このクスノキは、駅の高架下に鎮座する萱島神社のご神木だ。高さ約二〇メートル、幹周り約七メートルもあるじつに堂々たる風格であり、樹齢は七〇〇年以上だと見られている。

萱島駅が最初に設置されたのは一九一〇(明治四三)年四月一五日のこと。つまりクスノキは、駅開業以前からこの地をずっと見守ってきたのだ。ただ、このときは線路際に存在していた。

それでは、現在、なぜこのような状態になってしまっているのだろうか。その理由は、高度経済成長期の沿線人口の増加にある。

輸送力の増強に追われた京阪はこれに対応すべく、一九七一（昭和四六）年、京阪本線・土居《どい》〜寝屋川《ねやがわ》間の高架複々線化を計画。萱島駅もまた、高架化されることとなった。このとき、クスノキの枝が高架にかかってしまうことから、京阪はやむを得ずクスノキを伐採することにした。

クスノキ保護運動の展開

しかしこのクスノキは、萱島神社のご神木として長年、親しまれてきたものだったため、地元の人々は京阪に対して、「クスノキを伐らないでほしい」と嘆願した。

京阪はこの要望に応える形で計画を変更。当初はクスノキを移植する案が出されたが、移植による生存率は五〇パーセントと見られたことから、これは断念された。そうして様々なアイデアが出されるなか、最終的に京阪は、クスノキを囲むように駅舎とホーム、屋根などを建設することにしたのである。

こうして一九八〇（昭和五五）年、工事が完成し、駅のなかを巨木が貫く現在の光景が誕生したのであった。

このとき、京阪は高架下に萱島神社の新しい社殿を寄進した。

もともと萱島神社は、萱が茂っていたこの辺り一帯を開拓した際に祀られたという。祭神は、萱島新田を開発した神田氏の祖「善右衛門」、伊勢神宮外宮の祭神「豊受大神」、菅原道真である。かつては新田を管理する会所の敷地内にあったというが、すっかり古びてしまっていた。そこで高架化の折、京阪はクスノキの傍らに社殿を再建したのだという。

見た目は風変わりな駅となったが、人々からは歓迎の声をもって迎えられた。一九八三(昭和五八)年には京阪の功績が称えられ、萱島駅は大阪都市景観建築賞・奨励賞を受賞。さらに二〇〇一(平成一三)年には、「近畿の駅百選」にも認定された。

いまやすっかり、京阪のみならず、大阪を代表する駅へと変貌を遂げている。

ホームを大木が貫く萱島駅。もはやなじみ深い光景である。

宇治線
KH 77
宇治《うじ》
Uji

かつて存在していた巨大な池はなぜなくなったのか⁉

古都・京都の歴史は、七九四（延暦一三）年の平安京遷都にはじまる。その際、新都として山城《やましろ》国が選ばれたのは、自然景観が美しいこと、水陸交通の要衝地であったことに加え、この地が「四神《しじん》相応」の場所だったためだとされる。

四神とは、天の四方を司る神獣のことで、北は玄武《げんぶ》、東は青龍《せいりゅう》、西は白虎《びゃっこ》、そして南は朱雀《すざく》が配された。これらの神にはそれぞれに適応する地形が対応されていた。すなわち玄武は山、青龍は川、白虎は道、朱雀は湖沼である。

現代の京都の地形にこれら四神を照らし合わせてみると、北には船岡山《ふなおかやま》、東には鴨川、西には山陰道がある。だが今日、南にあるべき湖沼はどこを探しても見つけることはできない。

じつは、かつて京都市の南部、山城盆地の一角には、「巨椋池《おぐら》」と呼ばれる巨大な池が確かに存在していた。それでは、いったいどうして巨椋池はなくなってしまったのだろうか。

巨椋池の変遷

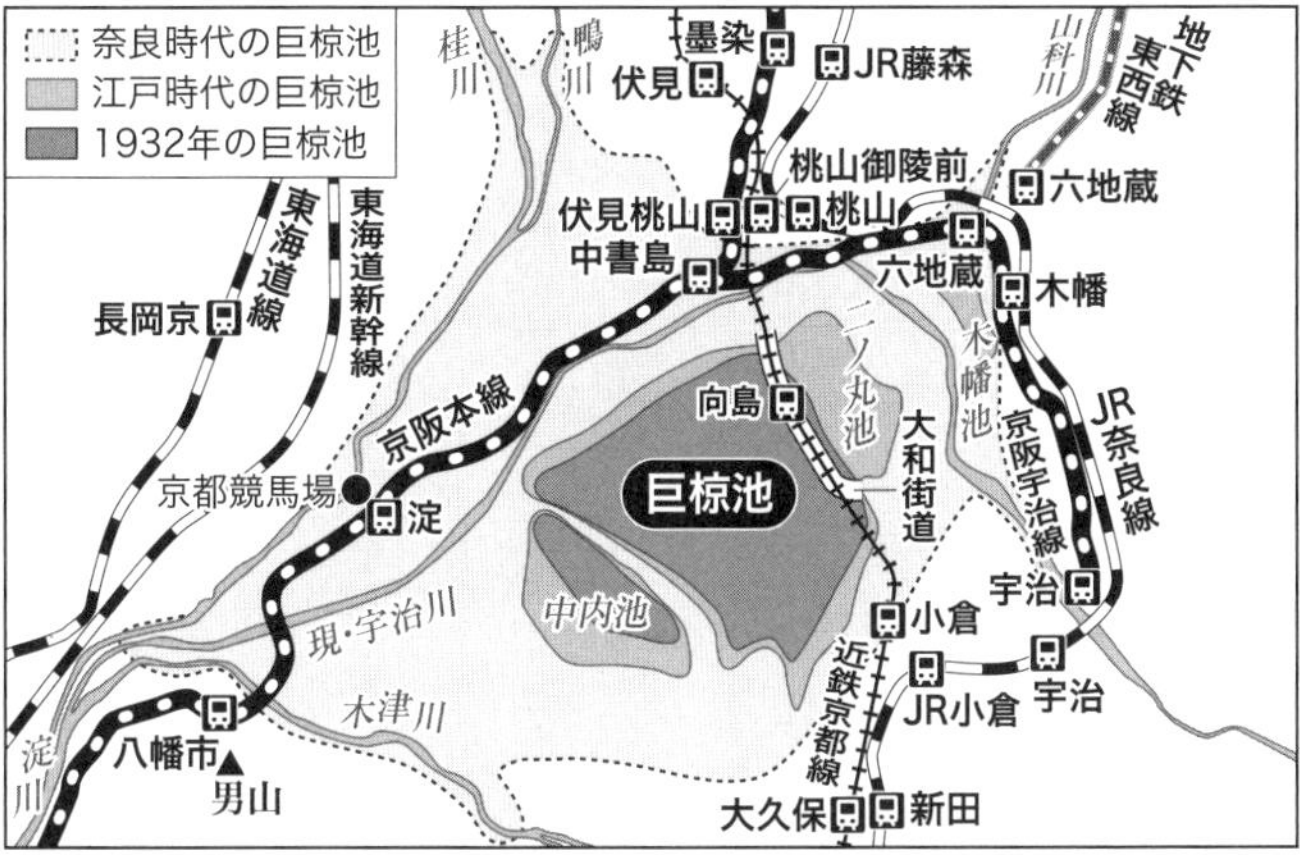

かつて山城盆地には巨椋池が存在していたが、１９４１（昭和１６）年に干拓され、新田へと変貌を遂げた。現在は巨椋という地名に、わずかな名残を見出すことができる。

巨椋池の変遷

京都市南部には、北から桂川、東から宇治川、南から木津川が流れ込んでいる。三川は淀辺りで合流。そこから淀川と名を変え、大阪湾へと注ぐ。

かつては三川の合流点が巨椋池であり、淀川の水量を調整する遊水池《ゆうすいち》としての役割を果たしていた。その大きさは東西約四キロメートル、南北約三キロメートル、周囲約一六キロメートル、水面面積約八〇〇ヘクタールにも及び、現在の京都市伏見区、宇治市、八幡市、久世《くせ》郡久御山《くみやま》町にまたがって存在していたのである。その威容から、「大池」とも呼ばれていた。

なぜ巨椋池と呼ばれるようになったのか

については定かではないが、日本最古の歌集『万葉集』に、
「巨椋《おおくら》の　入江響《とよ》むなり　射目人《いめびと》の　伏見が田井に　雁渡るらし」
という歌が見えることから、すでに奈良時代には巨椋という地名が成立していたことがわかる。

古代、巨椋池の周りは条里制に基づいて開発が行なわれ、いくつもの集落が形成されていた。しばしば氾濫を起こしたものの、植物や淡水魚、水鳥などが多く生息していたことから、多くの人々がこの地に定住したのだと考えられている。

また、水面は京都と難波、そして奈良を結ぶ河川交通の要路とされ、多くの人が巨椋池を行き交った。

そんな巨椋池の状況が一変したのは、豊臣秀吉が天下を統一した一六世紀末のことであった。

一五九二（文禄元）年、秀吉は伏見に城と城下町を建築する。その際、向島《むかいじま》から宇治に至るまで槇島《まきしま》堤を築き、東から巨椋池に注ぎ込んでいた宇治川の流れを北へ迂回するようにした。さらに向島から南へ小倉《おぐら》堤、薗場《えんば》堤を築き、槇島堤との間の低湿地帯を開拓できるようにしたのである。小倉堤の上は、京都と奈良を結ぶ新しい街道（大和街道）として利用された。

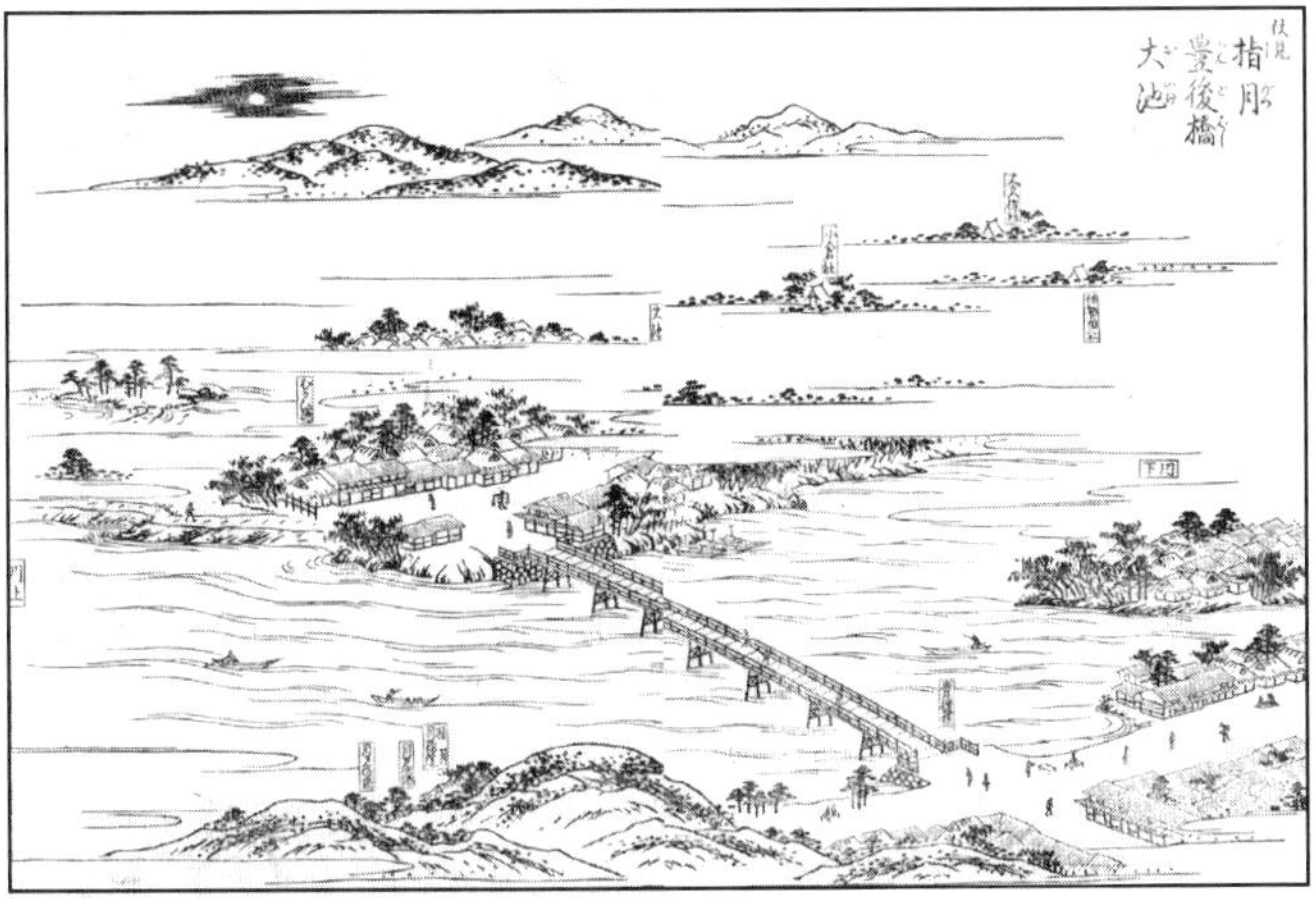

『都名所図会』（１７８０年刊）より「伏見指月・豊後橋・大池」。大池は巨椋池のこと。江戸時代はまだ満々と水をたたえていた。

こうして巨椋池の規模は縮小されたが、江戸時代、明治時代を通じてたびたび氾濫を起こし、周辺に水害をもたらしたため、一九一〇（明治四三）年、淀川本流と切り離された。

だが、洪水の被害はなくなったものの、水を循環させる機能が失われたことに伴い、池の底には汚泥の堆積が進み、水質が悪化。漁業を営むことが困難になったことに加え、汚水によってマラリアの発生源となるなど、有害な池へと変貌を遂げることとなってしまった。

ここに至り、巨椋池の干拓が決定され、一九四一（昭和一六）年、巨椋池は六三四ヘクタールの新田へと生まれ変わったのであった。

彦星と織姫がデートをする場所、じつは交野市だった⁉

交野線

KH 65

交野市

かたのし

Katanoshi

七月七日は、七夕である。彦星《ひこぼし》（牽牛《けんぎゅう》）と織姫《おりひめ》が一年に一度、天の川を渡って逢瀬を楽しむ日としてよく知られるところだろう。なぜ年に一度しか会うことができないのか。それについては、次の物語が伝わる。

――天帝の娘・織姫は、美しい機《はた》を織ることに一生懸命で、常に働き続けていた。そんな娘の様子を見かねた天帝は、娘に見合う婿を探すことにした。そうして天帝は、ひたすら牛の世話に励む真面目な青年・彦星と出会う。きっと彼であれば、娘を幸せにしてくれるにちがいない。そう考え、織姫と彦星を結婚させた。

二人は非常に仲睦まじく暮らしたが、仕事をまったくせず、遊んで暮らすようになった。天帝が戒《いまし》めても言うことを聞かなかったため、怒った天帝は織姫を天の川の西に、彦星を東へと引き離した。ところが、会話をすることも、お互いの姿を見ることもできなくなった二人は日々悲しみに暮れ、ますます仕事をおろそかにする始末。やむを得ず天帝は、真面目に働くのであれば七月七日だけは会うことを許すと二人に告げる。これに喜んだ二人は真面目に働くようになり、七月七日、天の川を渡って逢瀬をするようになった――

日本における七夕の歴史は古く、日本最古の和歌集『万葉集』巻一〇のなかに、「織女《おりひめ》の　今夜会ひなば　常のごと　明日を隔てて　年は長けむ」という歌が収録されている。このことから、すでに奈良時代から七夕の伝説が広く知られていたことがわかる。

そもそも七夕の起源は、中国の乞巧奠《きっこうでん》と呼ばれる行事にある。これは、七月七日の夕方、料理や酒、果物、瓜などを供えるとともに、金と銀、真鍮《しんちゅう》製の針を用意し、月に向かって五色の糸を針に通すというものである。天の川に白や五色の光が見えれば願いが叶い、瓜の上に蜘蛛が巣を張れば裁縫が上達するといわれた。日本でも、七五五（天平勝宝五）年に宮中で乞巧奠が行なわれたのを契機として宮中行事として定着。当初は貴族の行事であったが、やがて庶民の間でも短冊にしたためた願い事を吊るすという行事が広まった。江戸時代には、幕府によって五節供のひとつに定められ、とくに寺子屋に通う子どもたちが書道の上達を願い、こぞって短冊に願をかけたと伝わる。

七夕発祥地は交野市⁉

このように、七夕はもともと中国の行事に端を発するものであるが、じつは日本における発祥地は、枚方《ひらかた》市から交野《かたの》市にかけての一帯だといわれている。実際、そこにはなんと

「天野川」が流れている。

もともとは、流域で甘くておいしい米がとれたことから、周辺一帯を「甘野《あまの》」と呼び、そこを流れる川ということで「甘野川」と呼ばれていたという。

それが平安時代になると、甘野川の流域に白砂の広がる美しい景観が醸成されていたことから、この地に遊猟に訪れた貴族が甘野川を「天の川」に見立て、「天野川」と呼ぶようになったと伝わる。平安時代中期の歌物語『伊勢物語』にも「狩りくらし　棚機乙女《たなばたつめ》に宿からむ　天の河原に　われは来にけり」という歌が残されている。

歌だけではない。天野川周辺には、七夕伝説の発祥地にふさわしい場所も残る。天野川の西岸、枚方市観音山公園には牽牛として祀られている自然石「牽牛石」があり、一方、天野川の東岸、交野市には織姫を祀る機物《はたもの》神社が鎮座している。そして、二人が逢瀬できるよう、交野市駅の南西には、逢合《あいあい》橋という橋が天野川に架けられているのである。

そのほか、織姫と彦星の逢瀬を助けるカササギにちなんだ鵲《かささぎ》橋、星田神社など、七夕伝説にゆかりを持つ名称をそこかしこに見ることができる。実際にこの地が発祥地であるかどうかは定かではないが、ロマンを掻き立てられる場所であることにまちがいはないだろう。

「六地蔵」なのに地蔵は一体のみ、これってどうして!?

宇治線

KH 73

六地蔵
ろくじぞう
Rokujizo

中書島《ちゅうしょじま》～宇治間を結ぶ全長七・八キロメートルの宇治線に、六地蔵《ろくじぞう》という名前の駅がある。一九一三（大正二）年、宇治線の開通と同時に開業した。もともと六地蔵駅は京阪単独の駅だったが、一九九二（平成四）年、京阪の駅から五〇〇メートルほど東に離れた場所にＪＲ奈良線の六地蔵駅が開業。さらに二〇〇四（平成一六）年、京都市営地下鉄東西線がＪＲ六地蔵駅近くに駅を新設、延伸したことに伴い、三つの六地蔵駅が成立することとなった。なお、京阪の六地蔵駅は京都市伏見区にあるが、ＪＲ六地蔵駅、地下鉄六地蔵駅はともに宇治市に位置する。

駅名の由来となった地蔵が安置されているのは、京阪六地蔵駅の北西、外環状線と奈良街道とが交差する位置辺りにある大善寺《だいぜんじ》だ。現在も地蔵堂に、右手に錫杖《しゃくじょう》、左手に宝珠《ほうじゅ》を抱く高さ一・六一メートルの立像が祀られている。

ところが、現在の大善寺にはこの地蔵尊一体が鎮座するのみである。それでは、ほかの五体の地蔵尊はいったいどこへ行ってしまったのだろうか。

街道筋に分祀された六地蔵

大善寺は、七〇五（慶雲二）年、藤原鎌足《ふじわらのかまたり》の子・定恵《じょうえ》上人が開創したと伝わる古刹である。そんな大善寺に六地蔵が安置されたのは、八五二（仁寿二）年のことだった。『六地蔵縁起』（一六六五年刊）によると、平安時代前期の公卿・小野篁《おののたかむら》は四八歳のときに大病を患い、冥土へ赴いた。その際、篁は地蔵菩薩からこう頼まれた。

「地獄では私の力でも救えない衆生《しゅじょう》がいるが、一度でも私の姿を拝んだり、私の名を唱えたりすれば、必ず救われる。現世に戻ったら、私に帰依するよう、信仰を広めてほしい」

そして地蔵菩薩の力で無事現世に戻ることができた篁は、地蔵菩薩信仰を広めるべく、木幡山の一本の桜の大木から六体の地蔵菩薩像を刻み、大善寺に安置したのだという。

このように、大善寺には当初、六体の地蔵尊が祀られていた。しかし一一五七（保元二）年、六地蔵尊を信仰していた時の後白河天皇は、街道に沿って町へ入ってくる病気や悪霊を退けるべく、京へ通じる主要な街道の入口に六角堂を建立し、そこに地蔵尊を一体ずつ安置するよう、平清盛《たいらのきよもり》に下命。大善寺には一番初めに彫られた地蔵尊のみが残されることとなり、そのほかの五体は街道筋に分祀されたのであった。

こうして六地蔵は各所に散ったが、これが「六地蔵巡り」という宗教行事を生み出すこ

大善寺の地蔵堂。六地蔵尊のうちの１体が安置されている。

ととなった。毎年八月二二日、二三日の両日に六つの地蔵尊を順番に巡って六色のお札を賜るというもので、お札を家の玄関に吊るしておくと、一年間、疫病退散、家内安全、福徳将来のご利益があるという。

六地蔵巡りのスタートは、六地蔵の元祖である大善寺（伏見六地蔵）。それから西国街道沿いの浄禅寺（鳥羽地蔵）、丹波・山陰街道沿いの地蔵寺（桂地蔵）、周山街道沿いの源光寺（常盤地蔵）、鞍馬街道沿いの上善寺（鞍馬口地蔵）、東海道沿いの徳林庵（山科地蔵）を巡るコースが一般的となっている。

かつては、地蔵尊を背中に背負い、念仏を唱えながら歩いたといわれるが、現在は電車やバスを使う人が大半だ。

幽霊が飴を買いに来た店が実在!? おどろおどろしい京都魔界案内

京阪本線

KH 38

清水五条

きよみずごじょう

Kiyomizu-gojo

清水五条駅は、もともと一九一〇（明治四三）年の京阪本線開通時、京都側の起点駅・五条駅として開業した。一九八一（昭和五六）年に地下鉄烏丸線・五条駅ができると、混同されることが多くなったため、二〇〇八（平成二〇）年、「清水五条駅」へと改称され、いまに至る。

このとき、四条駅、丸太町駅もそれぞれ「祇園四条駅」「神宮丸太町駅」に改められている。いずれも、地下鉄烏丸線への誤乗車を防止するとともに、観光路線としてのイメージアップが企図され、清水寺、祇園、平安神宮への最寄り駅であることがアピールされている。

その清水五条駅から北東へ徒歩一〇分ほど行ったところに、「みなとや幽霊子育飴本舗」という飴屋がある。目玉商品は、その名もずばり「幽霊子育飴」。おどろおどろしい名前であるが、水飴と砂糖のみでつくられているだけあり、昔ながらの素朴な味わいを楽しむことができる。

いったいなぜこのような名称がつけられているのかというと、じつはこの飴屋こそが、全国的に語られている「子育て幽霊」の怪談発祥地といわれているからだ。その内容は、以下の通り。

――毎夜、飴を買いに来る女がいた。不思議に思った店主がひそかに女の後をつけると、女は墓地で突然姿を消した。恐ろしくなった店主が翌日、寺の住職とともに墓を調べてみたところ、なんと土のなかから赤子の泣く声が聞こえてくるではないか。さっそく墓を掘り返してみると、そこには赤子を抱く女の亡骸があった。女はその子を育てるため、幽霊となって飴を買いに来ていたのであった。その赤子は寺に引き取られ、長じて高僧になった――

この物語の舞台となったのが、みなとや幽霊子育飴本舗だと伝わる。

飴屋と葬送地

「子育て幽霊」の物語は伝承に過ぎないが、飴屋が位置する一帯には、平安時代、風送地（山野に遺体を放置し、雨風にさらして葬る）のひとつ・鳥辺野《とりべの》があった。その入口が、飴屋の近くに存在する六道珍皇寺《ろくどうちんこうじ》だといわれる。

六道珍皇寺の前の道は、六道の辻と呼ばれ、この世とあの世との境界であるとされてい

風葬地・鳥辺野の入口にあたる六道珍皇寺の境内にある井戸は、平安時代の公卿・小野篁がこの世と地獄とを行き来していた場所だと伝わる。

た。死者はこの辻で六道珍皇寺の僧侶から引導《いんどう》を渡され、風送地・鳥辺野へと送られたという。

当時、死者を寺で弔ったり、遺骸を墓に埋葬、もしくは火葬したりすることができたのは上流階級の人々に限られており、庶民の遺骸は風葬地へ運ばれ、野ざらしにされた。

遺体がゴロゴロと積み上げられては腐敗し、鳥たちが集まっては人の肉をあさっていく――。鳥辺野一帯には、そんなおぞましい光景が広がっていたのである。

そのような場所であるだけに、幽霊が飴を買いに来たとしても、おかしくはないといえるだろう。

京阪本線
KH 40
三条
さんじょう
Sanjo

三条大橋のたもとで土下座している銅像は一体何者!?

三条大橋のたもとにある「土下座像」は、三条駅周辺の待ち合わせスポットとしておなじみの銅像だ。「今日はドゲザに●時集合！」は、飲み会などの際の合言葉ともいえるだろう。

たしかに、ぱっと見た感じは土下座をしているようにも見受けられるが、この銅像は、どうしてこのような格好をしているのだろうか。

銅像のモチーフとなった人物は、江戸時代後期、諸国を行脚《あんぎゃ》し、尊王運動の先駆者として活躍した「高山彦九郎《たかやまひこくろう》」である。「寛政の三奇人」のひとりにも数えられている（あとの二人は、海外事情に通じ、幕府に海防の重要性を説いた林子平《はやししへい》、歴代天皇陵の荒廃を憂い、『山陵志』を著した蒲生君平《がもうくんぺい》）。

じつは、この銅像は土下座をしているわけではない。その目の見据える方角には、京都御所がある。彦九郎は、御所に向かって遥拝《ようはい》しているのである。

尊王の志を貫いた彦九郎

一七四七（延享四）年、彦九郎は上野国新田郡細谷村（現・群馬県太田市）の郷士の家に生まれる。諱《いみな》を正之《まさゆき》といった。

そんな彦九郎に尊王思想が芽生えたのは、少年時代のことだった。南北朝時代を舞台とした軍記物語『太平記』を読んだ彦九郎は、新田義貞《にったよしさだ》の後醍醐天皇への忠義の篤さにいたく感銘を受けるとともに、いまなお武家政権が続けられていることに憤慨した。そこで一八歳のとき、祖父・貞正《さだまさ》に書き置きを残して京都へ出奔《しゅっぽん》した。当時、政治や文化の中心は江戸にあったが、天皇がいる京都こそ、正しい名分を学ぶことができると判断してのことだったといわれる。

京都へ赴いた彦九郎がまず行なったこと、それが、京都御所への遥拝だった。三条大橋の東詰に至ったとき、彦九郎は「皇居はどの方角か」と道行く人に尋ねた。その人が皇居の方角を指し示すと、彦九郎はただちに地面に座り、拝みながらこう言った。

「私は草莽《そうもう》の臣・正之にございます」

人々に笑われても、彦九郎はそれを顧みることはなかったと伝わる。

その後、彦九郎は公家や儒者らと積極的に交友を深めて尊王思想を確立すると、全国各地を行脚し、勤王の思想を説いて回るようになった。

だが彦九郎のこの行動は幕府から危険視され、弾圧を加えられるようになる。そして一七九三（寛政五）年、九州・久留米《くるめ》で遊説の途中、幕府の役人の追求を受けた彦九郎は自刃して果てた。享年四七。

しかしその尊王の志は脈々と受け継がれ、幕末、勤王の志士たちの精神的支柱となって時代を動かすこととなったのである。

明治維新後、彦九郎の事績が改めて顕彰されることとなり、一八六九（明治二）年、太政官から遺族に対し「草莽一介の身を以て、勤王の大義を唱え、天下を跋渉《ばっしょう》し、有志之徒を鼓舞す」との賞詞が与えられた。また、一八七八（明治一一）年、彦九郎に「正四位」が追位されるとともに、明治天皇から彦九郎の子孫に祭祀料五円が下賜されるなど、名実ともに彦九郎の行動が認められることとなった。

くだんの銅像が建立されたのは、一九二八（昭和三）年のことである。一九四四（昭和一九）年、銅像は軍事物資として供出され、台座のみを残すという憂き目にあったが、一九六一（昭和三六）年、有志によって寄付金が募られ、再び銅像がよみがえることとなった。

世にも珍しい飛行機の神社、その創立秘話

京阪本線・八幡市駅を降りて、石清水八幡宮の一の鳥居から一〇〇メートルほど東に進むと、「飛行神社《ひこう》」という変わった名前の神社にたどり着く。

その名の通り、飛行機にまつわる神社で、ＪＡＸＡ（宇宙航空研究開発機構）をはじめ、多くの航空関係者がしばしば参拝に訪れる。

じつはこの神社は、日本の航空史を語るうえで欠かすことのできない歴史を秘める。神社が創建されたのは、一九一五（大正四）年のこと。日本で初めて飛行機を開発した二《にの》宮忠八《みやちゅうはち》が、航空機事故の犠牲者の慰霊のため、私財を投じて建立したものである。

ライト兄弟よりも先に有人飛行機を考案した忠八

二宮忠八は、一八六六（慶応二）年、愛媛県八幡浜に生まれた。利発な少年で、子どもの頃から物理や化学に興味があったという。一六歳のときには、立体的な風船凧や、糸を引くと広告ビラをまく凧など、一風変わった凧を制作。それを売り、学費を稼いだという

逸話も残る。そんな忠八が、「飛行の原理」を発見したのは、一八八九（明治二二）年のことだった。カラスが羽の角度を変えながら空中滑走している姿を見て思いついたという。

さっそく忠八は模型の制作を開始。そうして一八九一（明治二四）年、四枚の羽からなるプロペラと、滑走用の車輪がついたゴム動力式「カラス型模型飛行器」を開発し、日本初の動力飛行実験を成功させた。当時はまだ「飛行機」という名称がなかったため、忠八は「空を飛ぶ器械」ということで「飛行器」と名づけたのである。

さらにその二年後の一八九三（明治二六）年には、人力でプロペラを回し、前羽根で浮揚、後羽根で推進するという「玉虫型人力飛行器」を考案した。アメリカのライト兄弟が飛行機による世界初の有人動力飛行に成功したのが一九〇三（明治三六）年のことであるから、驚くべき先見の明といえるだろう。

忠八はこの飛行器を軍用機として採用してもらおうと、一八九四（明治二七）年、日清戦争出征中に長岡外史連隊長に上申したが、一笑に付され、却下されてしまう。

しかしどうしても諦めきれない忠八は、独力による飛行器の制作を決意する。軍を離れて大日本製薬株式会社に入社。こつこつと資金を貯め、故郷と似た地名である京都・八幡に土地を購入すると、試作機の完成に向け、着々と作業を進めていった。

そうしていざ八幡の河原で試作機の試験飛行を行なおうとした矢先、忠八のもとにあるニュースが飛び込んできた。ライト兄弟の有人動力飛行の成功である。これは、忠八に大きな衝撃を与えた。二番煎じの評価を決してよしとしなかった忠八は、無念の涙を流したと伝わる。そして失意のなか、試作機を自ら破壊。以降、飛行器の制作をきっぱりと断念したのであった。

その後、世は飛行機の時代となるが、その一方で、飛行機で命を落とすものの数が激増した。同じく飛行機に携わったものとして、自分にできることはないのか。そこで忠八は、犠牲者の霊を慰めるための神社の建立を思い立つ。

色々と飛行に関連する神々を調べるなかで、忠八は饒速日命《にぎはやひのみこと》に着目した。饒速日命は、天孫降臨の際、ほかの天津神《あまつかみ》に先立ち、天磐船《あまのいわふね》に乗って河内《かわち》国へと降り立った神である。天磐船が『日本書紀』の通釈に「大空を乗って飛行する船なり」と書かれていたことから、忠八は饒速日命こそ飛行を司る神にちがいないと考えた。そして一九一五（大正四）年、大阪府交野市の磐船《いわふね》神社から饒速日命を分霊、勧請し、また、航空殉難者の霊を祀り、飛行神社を建立したのであった。

現在の社殿は、一九八九（平成元）年に建て替えられたもので、その際、飛行神社資料館も新築された。同資料館には忠八が晩年に作成した玉虫型飛行器の模型など忠八ゆかりの品々が多数展示されている。

三室戸寺境内にたたずむ不可思議な「人頭蛇身」の像の謎

宇治線
KH 76
三室戸
みむろど
Mimurodo

宇治線・三室戸《みむろど》駅から東へ徒歩一五分ほどのところに、西国三三所霊場のうち一〇番目の礼所・三室戸寺《みむろとじ》は鎮座する。

社伝によると、創建は七七〇（宝亀元）年にまでさかのぼる。

光仁《こうにん》天皇の時代、宮中に差し込んできた金色の霊光を不思議に感じた天皇は、側近に命じてその源を探させた。すると、宇治川の支流・志津川《しづがわ》の上流に千手観世音菩薩が出現した。側近はさっそく川のなかに入り、千手観世音菩薩を抱きかかえようとしたが、不思議なことに、二臂《にひ》の観音像へと姿を変えていた。

側近が観音像を天皇のもとへ持ち帰ったところ、これを喜んだ天皇は御所の建物（御《み》室《むろ》）を観音が現われた地へと移して堂宇を建立。二臂の観音像を本尊として安置し、御室戸寺と称するよう、勅書を下した。

その後、光仁天皇の子の桓武《かんむ》天皇が手ずから千手観音像を造立。その胎内に二臂の観音像を納め、寺の本尊としたと伝わる。

のち、御室戸寺の境内には花山《かざん》法皇、白河《しらかわ》法皇の離宮も営まれたため、三つの御室ということで、寺名が「三室戸寺」へと改められたという。

不可思議な像の数々

寺の境内に入り、本堂の前に行くと、不思議な像が立っていることに気がつく。顔は老翁、身体は蛇という人頭蛇身の像だ。

見るからにユーモラスなその像の正体は、宇賀神《うかのかみ》という。宇賀神は、『古事記』の宇迦《うか》之《の》御魂神《みたまのかみ》、あるいは『日本書紀』の倉稲魂命《うかのみたまのみこと》と同神であるといわれる。食物を表わす「ウケ」という言葉に通じることから、食物を司る神とされた。

それにしても、なぜ人頭蛇身の姿なのだろうか。

その背景には、本地垂迹《ほんじすいじゃく》（衆生を仏道へ引き入れるため、仏や菩薩が仮の神の姿となって現われること）の思想が横たわっている。中世以降、宇賀神は仏教の守護神・弁才天《べんざいてん》と習合したが、弁才天の化身は蛇体形で現われるとされたことから、人頭蛇身の姿で表現されるようになったのである。

三室戸寺によると、その昔、ある娘に嫁入りを迫ったヘビが退治された際、そのヘビを哀れに思った娘がヘビを供養するため、人頭蛇身の姿をした宇賀神の木像を奉納したのだ

三室戸寺に置かれている宇賀神の石像。本物の宇賀神の木造はわずか２０センチメートルほどしかないという。

という。残念ながら、その木像は非公開であり、見ることは叶わないが、気軽に参拝してもらうため、本堂の前に木像を模した石像を安置したということだ。

老翁のひげを触ると健康長寿、ヘビの尾を触ると金運アップのご利益があるとのこと。三室戸寺に参詣した際には、ぜひ触りたいところだ。

また、境内には狛犬ならぬ、狛兎も存在している。かつてこの辺りを拠点としていた仁徳《にんとく》天皇の弟・菟道稚郎子《うじのわきいらつこ》が宇治にやってきたとき、その道案内をしたのが兎だったという。その縁から、境内に狛兎を安置したということである。兎が抱いている玉のなかには卵型の石が入っており、それが見事立てば、願い事が叶うといわれる。

第四章

え、そうだったの!? 見慣れた風景から浮かび上がる新たな発見!

京橋駅の近くになぜ「京橋」がない!?

京阪本線
KH 04
京橋
きょうばし
Kyobashi

京阪全線のなかで、一日の乗降客数が一七万七二九二人（二〇一二年度）ともっとも多い京橋駅の一帯は、京阪本線のほか、JR東西線・大阪環状線・片町線、大阪市営地下鉄長堀鶴見緑地線《ながほりつるみりょくちせん》が乗り入れる交通の結節点であり、大阪北東部の玄関口の役割を担っている。

駅名の由来となったのは、その名の通り「京橋」である。だが、不思議なことに駅の周辺にはなく、駅から西へ約一・二キロメートル離れた寝屋川と大川の合流点付近に「本当の」京橋は架かっている。どちらかといえば、最寄り駅は天満橋《てんまばし》駅だ。

いったいなぜ、離れた場所にある橋の名称が駅名として採用されたのだろうか。

「京橋」駅の誕生

現在の京橋は一九二四（大正一三）年に架けられ、一九八一（昭和五六）年に改装されたものであるが、もともとは豊臣秀吉の大坂城築城の際に架けられたと伝わる。大坂城の

京橋駅から離れた位置にある「京橋」

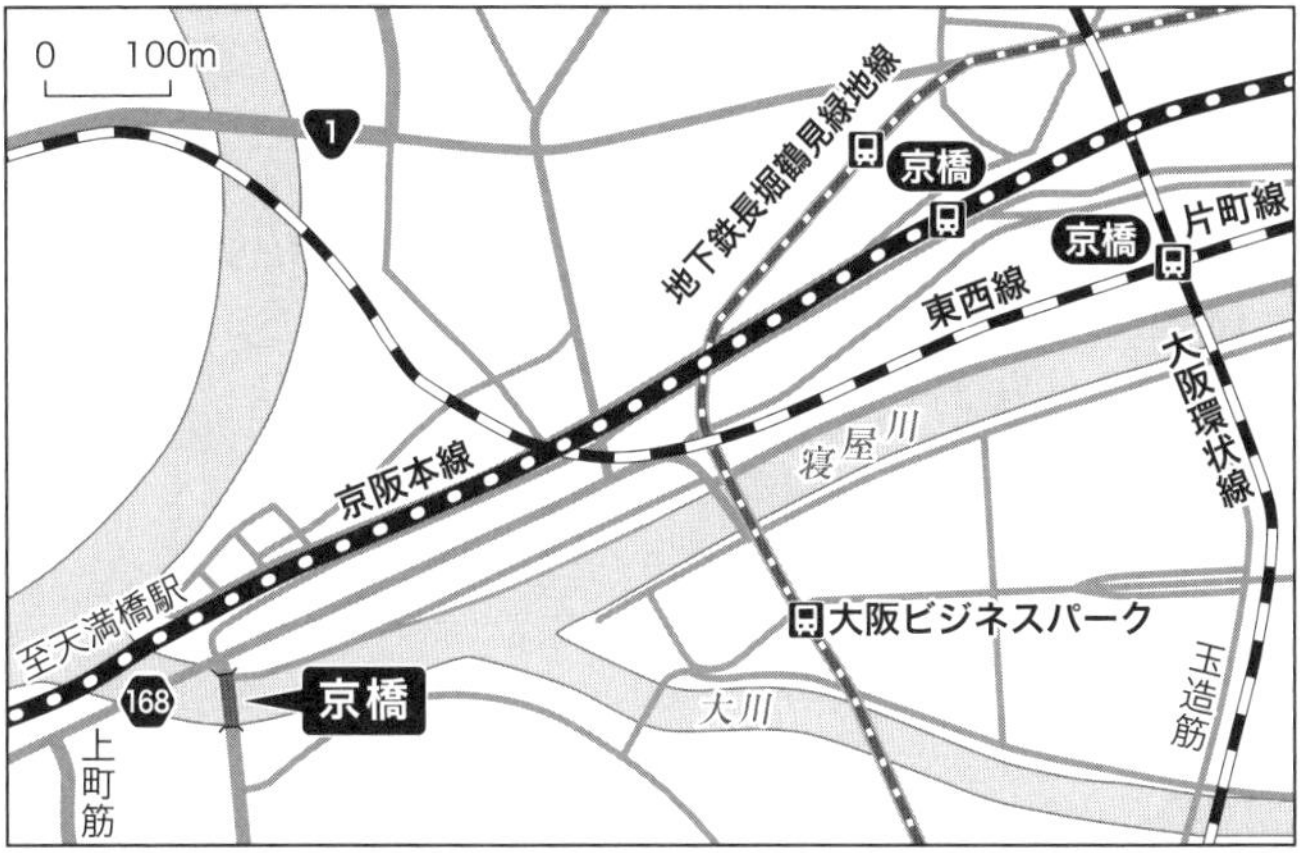

現在、京橋駅と、名の由来となった橋はかなり離れた距離にある。これは、明治時代、大阪鉄道城東線（現・JR大阪環状線）の駅が誕生した際、周辺で名の知れた京橋という橋の名前を採用したためだ。

北の玄関口にあたり、当時はこの場所が京街道、大和街道の起点となっていた。「京に通じる橋」ということで、その名がつけられたという。

その後、一六一四（慶長一九）年から一六一五（元和元）年にかけて起こった大坂の陣によって京橋は焼失するが、主要な街道を結ぶ交通の要衝であったことから、一六二三（元和九）年、擬宝珠《ぎぼし》つきの公儀橋（幕府の経費で維持された橋）として再建された。江戸時代には東海道五七次の終点にも位置づけられたため、大坂の玄関口として、一帯は大いに繁栄を遂げた。

現在の橋長は約五五メートルであるが、一八六三（文久三）年当時は橋長約九二メートル、幅約七・三メートルもあったという。いまよりもだいぶ立派な橋であったことがうかがい知れる。

一方、現在地に京橋駅が設置されたのは、一八九五（明治二八）年一〇月一七日のことだった。JR大阪環状線の前身・大阪鉄道城東線の駅として誕生。このとき、駅名に「京橋」が採用された。

場所は離れているが、古くから交通面で重要な橋であり、また京都方面へと結ばれるというイメージも強く、威容を誇り続けてきた橋にあやかり、その名がつけられたという。

そんな京橋の地に京阪の路線が乗り入れたのは、一九一〇（明治四三）年四月一五日のことである。

ただ、当初は同地の地名・蒲生《がもう》にちなみ、「蒲生駅」と称していた。その後、蒲生駅は一九三二（昭和七）年一〇月三〇日に国鉄京橋駅の東側に移転し、一九四九（昭和二四）年、国鉄の駅名に合わせて「京橋駅」と改称した。これは、国鉄との乗換駅であることを広くアピールするためだったといわれる。

そして一九六九（昭和四四）年、高架化に伴い、再びJR京橋駅の西側に移され、いまに至る。

なお、江戸時代、京橋の架橋に伴い、大川沿いの地区にも「京橋」という地名が誕生、平成まで存続したが、町名の統合・変更に伴い、地名としては消滅することとなった。

淀屋橋を架けたのは幕府ではない！じゃあ誰が架けたの!?

京阪本線 KH 01
淀屋橋
よどやばし
Yodoyabashi

江戸時代、大坂の町は「浪華《なにわ》の八百八橋」と称されていた。これは「江戸の八百八町」「京都の八百八寺」に対して、大坂に数多くの橋が架かっていたことを表わす比喩である。だが実際、江戸時代の橋の数を見てみると、総数は一〇〇余りにしか過ぎず、江戸の約三五〇橋よりも少ない。それでも「八百八橋」と形容されたのは、江戸の橋のほとんどが幕府の公儀橋であったのに対して、大坂ではわずかに一二橋、大半は商人や地元の町人によってつくられた町橋だったためである。自らの私財によって架橋し、大坂の町を形成したという町人たちの誇りが、「八百八橋」という呼び名に込められているのだ。

大阪市内のなかでももっとも多くの人に利用されているという淀屋橋《よどやばし》も、じつは幕府が架けた橋ではない。淀屋橋を架けたのは、大坂で栄華を極めた豪商・淀屋であると伝わる。

淀屋という屋号が示すように、もともと出身地は京都・淀だった。それが大坂の陣後、陣地を築いて徳川の勝利に貢献した功により、淀屋初代・与三郎常安《よさぶろうじょうあん》が徳川家康から現在の淀屋橋一帯に一万坪もの邸地を拝領。それに伴い、大坂へ拠点を移したと伝わる。

現在の淀屋橋の南西に店舗を構えた淀屋は、二代・个庵《こあん》の時代の寛永年間（一六二四〜四四年）、蔵米の販売を引き受け、各藩の蔵元となるなど、有力な米商人となる。やがて店先で米市場（一六九七年に堂島に移転）が開かれるようになると、市中の米商人はこぞって淀屋に集まり、米の売買を行なった。

このとき、北から淀屋の店先を訪れる人は、土佐堀川を船で渡る必要があり、大変不便だった。そこで个庵は、それらの人々の便宜を図るため、私財を投じて長さ二四間（約四三・六メートル）の橋を架けたのである。これが、淀屋橋だ。もっとも、この橋がいつ架けられたのか、また実際に淀屋が架けたのかについて、明確な史料が残るわけではない。

しかし当時、淀屋は諸大名に対して約一〇〇兆円、徳川家に対して約八〇〇億円という巨額を貸しつけたことが記録として残されている。莫大な資産を保有していた淀屋にとって、自前で橋を架けることなど造作もなかっただろう。その後、一七〇五（宝永二）年、五代・辰五郎の時代に淀屋は幕府に財産のすべてを没収され、その栄華に終止符を打つ。だが淀屋が架けたと伝わる淀屋橋は大坂の人々の重要な道として利用され続けた。

現在の橋は、一九三五（昭和一〇）年、御堂筋の拡幅工事の際に架け直されたものだ。周辺はオフィス街へと変貌を遂げ、淀屋の栄華をしのぶものは残されていないが、橋の南詰の西側に建てられた「淀屋の屋敷跡碑」が、かつての歴史をわずかに伝えている。

江戸時代、大坂に架けられた橋（一部）

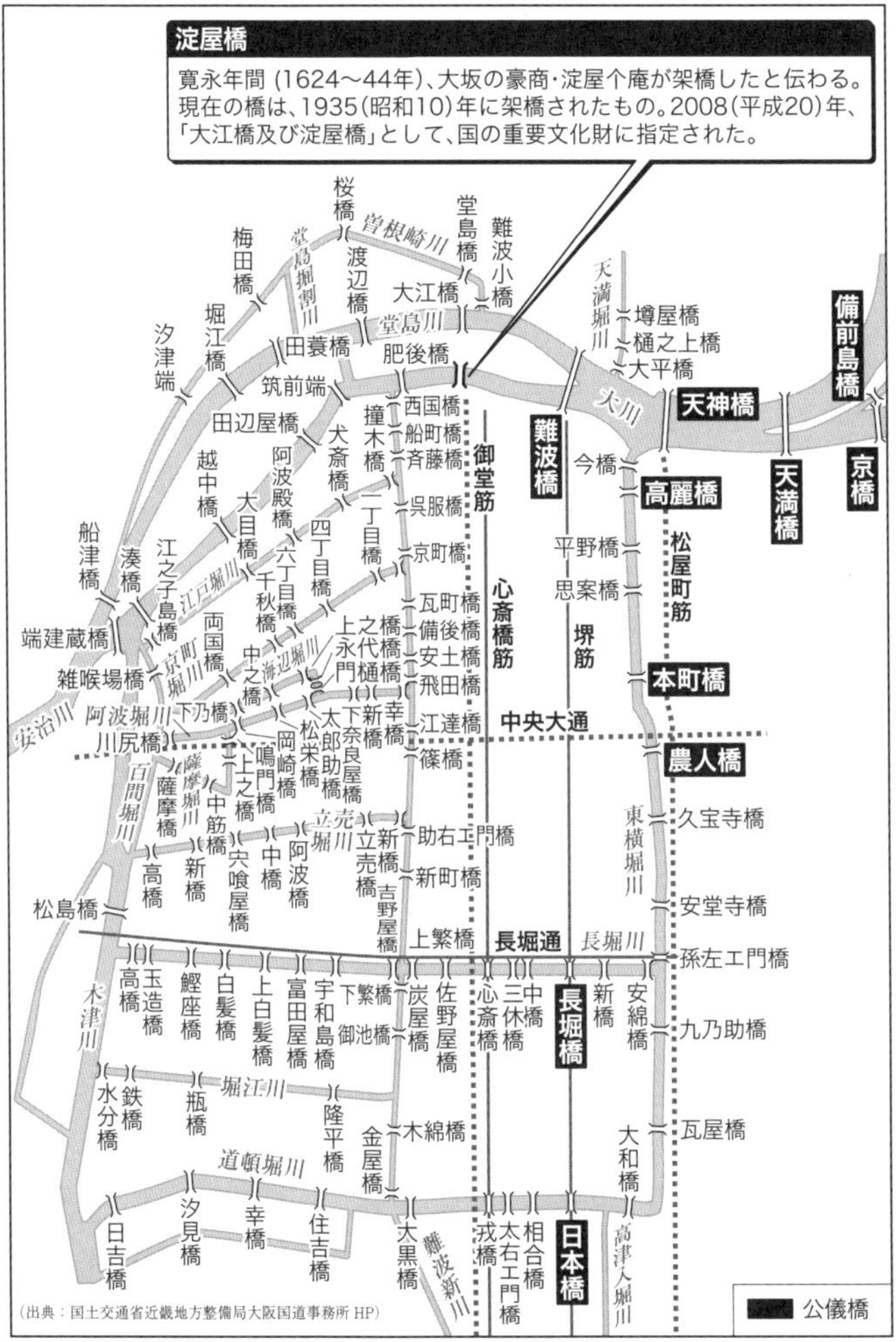

(出典：国土交通省近畿地方整備局大阪国道事務所 HP)

江戸時代、大坂には多くの橋が架けられたが、その多くは大坂の商人や庶民によって建てられたものだった。

駅名の由来となった橋はいったいどこに消えた!?

京阪本線
KH 25
橋本
はしもと
Hashimoto

大阪を走る京阪本線の車両が京都府に入って最初に停車するのが、大山崎《おおやまざき》町にある橋本駅だ。一九一〇（明治四三）年の京阪本線開通時の開業である。

「橋本」という名からも想起できるように、駅名は淀川に架かっていた山崎橋のたもとであることにちなんで命名された。

ところが現在、橋本駅の周辺を歩いたところで、山崎橋を見ることはできない。それどころか、周辺には橋そのものがないため、上流もしくは下流に迂回しなければ淀川を渡ることができない。

それでは、駅名の由来となった山崎橋とはいったいどこにあって、なぜなくなってしまったのだろうか。

流失と再建を繰り返した橋

七一〇（和銅三）年、時の元明《げんめい》天皇は、都を平城京へと遷した。都は現在の奈良市から大和郡山市《やまとこおりやま》にまたがる地に存在していた。

当時、人々は調《ちょう》・庸《よう》といった税を納めるために諸国から平城京へと向かったが、その途上、川に橋がなく、また、津（港）にも船があまりなかったため、川を渡るのに非常に難儀したという。そこで僧・行基《ぎょうき》は、弟子たちとともに諸国を巡っては橋を架けた。そのうちのひとつが、山崎橋である。七二五（神亀二）年の架橋と伝わる。

山崎橋が架けられると、橋は京都から奈良方面へ、また西国方面へと向かう重要な幹線道路として機能することとなった。

しかし、宇治川、桂川、木津川の三川の合流点よりもやや下流に位置していた山崎橋は、幾度となく洪水の被害にあい、流失を繰り返すことになる。

たとえば『続日本紀《しょくにほんぎ》』には「八四一年に洪水でなくなったが、翌年、架け直された」こと、『文徳実録《もんとくじつろく》』には「八五〇年の洪水で壊されたが、天皇自ら再建の命を出した」ことが記されている。そのほかの記録も合わせると、山崎橋はじつに十数年に一度の割合で被災していたのである。

ただ、交通の要衝であったことから、流失のたびに橋は架け直された。また、山城・河内両国の橋の両辺に橋守《はしもり》を置くことを命じたり、騎馬による通行を禁じたり、さらには火災による焼失を避けるために蝋燭《ろうそく》を持っての通行を禁じたりと、橋の維持・管理にあたっては厳しい規則が定められていた。

このように古代、重要視されていた山崎橋だったが、やがて交通手段の中心が水運に変わると、橋の重要性も薄れていった。そのため一〇〇〇年以降、橋に関する記述は史書から消えた。おそらく流失したままになっていたのだろう。

その山崎橋を再び架橋したのは豊臣秀吉である。秀吉は一五九二（文禄元）年、中国・明《ミン》への出兵のため、軍事道路として山崎橋を整備した。だが、これも江戸時代初期には流失した。

以降、橋は再建されることなく、代わりに大山崎と橋本を船で渡す「橋本の渡し」が利用されるようになった。この舟運が盛んになるに従って橋本は船が発着する港町、さらには京街道沿いの宿場町として栄え、遊郭も置かれるようになった。船による渡しは昭和三〇年代まで行なわれたという。

橋本駅の開業時、当然、山崎橋は存在していなかったが、日本三古橋のひとつとして名高かったことから、駅名として採用されるに至った。現在、橋の名残を留めるものはなく、また、橋本の渡し場ももはや存在しないが、橋本駅の南、渡し場があった場所に「橋本渡舟場……」と刻まれた道標が残り、わずかながらに往時をしのぶことができる。

「瀬田の唐橋」の下流から見つかった謎の橋脚の正体とは！

石山坂本線
OT 02
唐橋前
からはしまえ
KARAHASHI-MAE

近江八景のひとつであり、京都の宇治橋、山崎橋とともに日本三名橋のひとつに数えられている瀬田《せた》の唐橋《からはし》は、石山坂本線・唐橋前駅の東を流れる瀬田川に架かる。

現在の橋は一九七九（昭和五四）年に架け替えられたもので、中ノ島を挟んで全長約一七二メートルの大橋と、全長約五二メートルの小橋で構成されている。

この橋の上から眺める夕日はとても美しく、古来、「瀬田の夕照《せきしょう》」と褒め称えられてきた。その風景は多くの文化人を虜とし、葛飾北斎《かつしかほくさい》や歌川広重《うたがわひろしげ》など、江戸時代を代表する絵師もこぞって唐橋を描いている。

瀬田の唐橋の歴史は古く、史料にその名が初めて登場するのは『日本書紀』六七二（天《てん》武《む》天皇元）年七月のことである。

同年に勃発した壬申《じんしん》の乱で、天智《てんじ》天皇の弟・大海人皇子《おおあまのおうじ》（天武天皇）軍と天智天皇の子・大友《おおとも》皇子軍が「勢多橋《せたばし》」で激突したことが記録されている。

しかし、このときの「勢多橋」は、いまの瀬田の唐橋がある位置とはまったく異なっていた。それを裏づけるのが、一九八八（昭和六三）年七月、瀬田の唐橋の下流約八〇メートルの川床から発見された古代の橋脚の遺構である。橋脚の幅は約八メートル。樫《かし》の丸太材を縦横に並べて基礎とし、その上に、長さ約六メートルの檜六本を六角形状に設置。檜の上面には直径約二〇センチメートル、深さ約一〇センチメートルの穴を開け、橋脚の下端のほぞと連結する構造になっていたという。

年輪年代測定法による鑑定の結果、橋脚に使用されていた木材は六世紀から七世紀にかけてのものだと判明した。そしてこの橋こそが、壬申の乱の舞台となった「勢多橋」であると考えられるに至った。

唐橋の焼失と再建

それでは、いったいいつ、瀬田の唐橋は現在の場所に架け替えられたのだろうか。

古来、「唐橋を制するものは天下を制す」といわれたように、瀬田の唐橋は京都と東国を結ぶ交通の要衝として重要視されてきた。そのため、壬申の乱をはじめ、源平合戦や承久の乱など数々の戦乱がこの橋を舞台として繰り広げられた。必然と、橋も焼失と再建を繰り返したが、架け直されるたびに、少しずつ北へと移されたようだ。実際、現在の橋と壬申の乱当時の橋との間で、奈良時代から戦国時代にかけて、三つの時期の橋の基礎の遺

瀬田の唐橋。美しい橋の情景が称えられる一方、古来、幾度となくこの場所で戦いが繰り広げられてきた。

構が発見されている。

そして一五七五（天正三）年、織田信長が現在の位置に橋を建設したことで、いまの場所が橋の定位置となったという。

本能寺の変後、明智光秀が安土城を占領すべく、この橋を渡ろうとしたが、瀬田城主がそれに先んじて焼却。その後、豊臣秀吉が橋を架け直し、現在のような大小二橋の構成にしたといわれている。

なお、唐橋と呼ばれるようになったのは、鎌倉時代以降のことだといわれている。その理由については、渡来系の氏族の技術によって建造されたから、織田信長が架けた橋が欄干を持つ中国風の体裁だったからなど諸説唱えられているが、真相は定かではない。

宇治線
KH 77
宇治《うじ》
Uji

宇治橋が同じ場所に架け続けられたナットクの理由

宇治駅から京都が誇る世界遺産・平等院鳳凰堂へ向かうには、その途中で宇治川に架かる宇治橋を渡る必要がある。

現在の宇治橋は、一九九六（平成八）年、交通渋滞の解消を目的に架け替えられたもので、橋長は一五五・四メートル、幅は二五メートルである。コンクリート製ではあるが、周囲の風景との調和を考え、高欄には国産檜が用いられている。

初めてこの場所に橋が架けられたのは、七世紀のことと伝わる。『日本霊異記《にほんりょういき》』では、六四六年、元興寺《がんごうじ》の僧・道登《どうとう》が架けたとし、橋の東側、放生院に建つ「宇治橋断碑」も同様の内容を伝える。『続日本紀』では、六六六年から六七九年頃、元興寺の僧・道昭《どうしょう》が架けたとする。

古代、京都から奈良へ向かうには、宇治川を渡る必要があった。やがて京都〜奈良間の交通の往来が盛んになるにつれ、安全に川を渡る施設が求められるようになる。そこで当時、民衆への布教活動を行なっていた僧が率先して橋を架けたのだという。

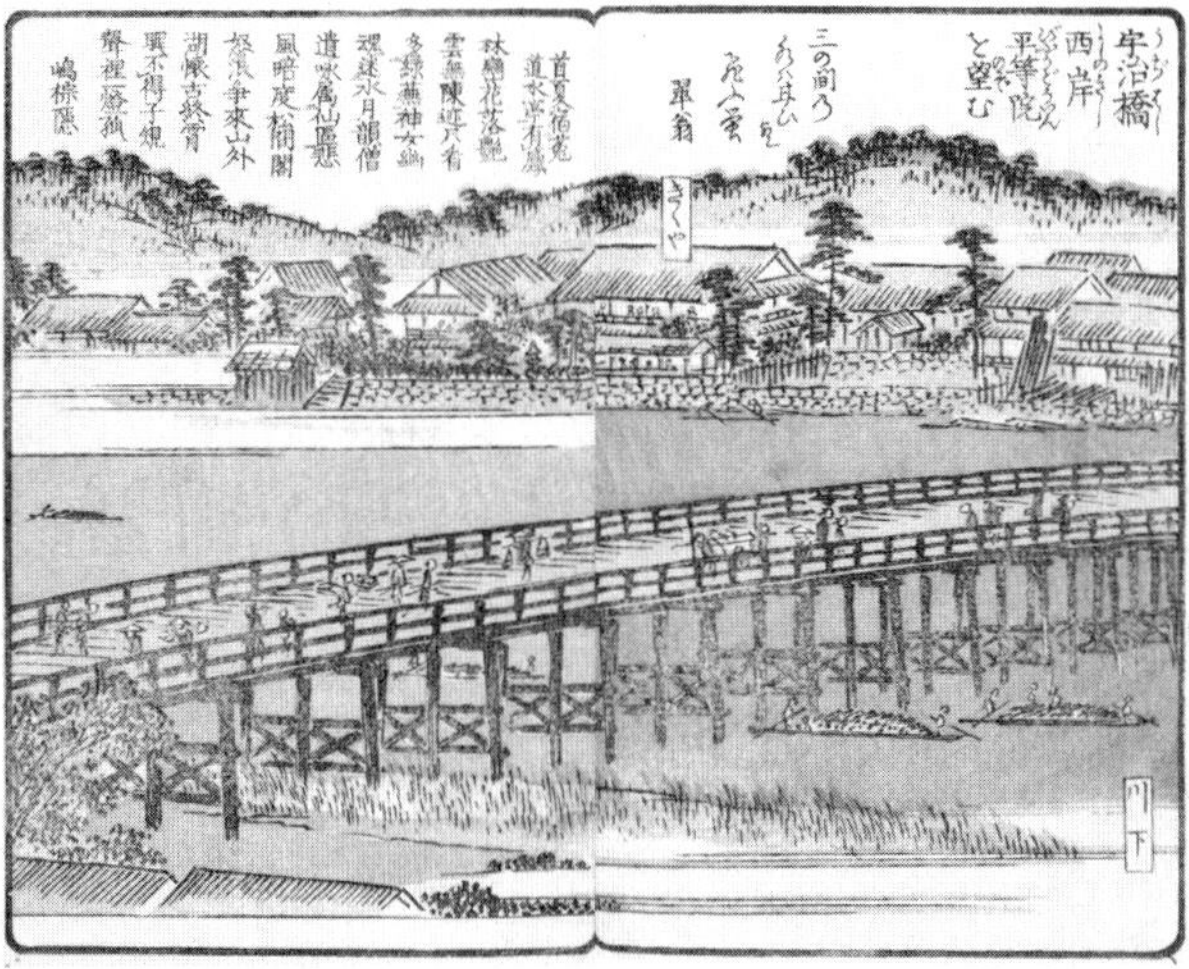

『宇治川両岸一覧』（１８６１年刊）より「宇治橋」。当時は橋長８３間４尺余（約１５０メートル）、幅３間（約５メートル）であり、現在よりも幅が狭かった。また、高欄に擬宝珠が据えつけられていなかった。

宇治橋は記録上では日本最古の橋とされ、瀬田の唐橋、山崎橋と合わせて「日本三古橋」のひとつに数えられている。

架橋当時の宇治橋の構造は不明であるが、七世紀に架けられてから現代に至るまで、幾度も流失しながらも、同じ場所に架けられ続けてきた。なぜ宇治橋は、現代まで受け継がれてきたのだろうか。

交通の要衝だった宇治橋

宇治橋が同じ場所に架けられ続けた理由、それは、橋が平安京と南都奈良を結ぶ交通の要衝に位置していたためである。

現在の宇治橋。古代の宇治橋と形は異なるが、場所は変わらずにいまに至る。

八一〇（弘仁元）年の薬子《くすこ》の変、八四二（承和九）年の承和の変など内乱が勃発した際、敵軍の都への侵入を防ぐべく、いち早く頓兵《とんぺい》が宇治橋に派遣されたという記録が残る。これは宇治橋の重要性を示唆しているといえる。

また、『平家物語』や『太平記』『承久記』などに宇治橋の板を外して敵軍の渡河を防いだことが記されている。これもやはり、宇治橋が京都へ向かうにあたっての重要な渡河点であったためである。

現代も、伏見区から六地蔵を経て宇治橋を通る宇治街道は、奈良へと続く国道二四号と交わることから交通量が多い。いまも昔も、宇治橋は交通の要衝であり、重要な橋であることに変わりはないのである。

「御陵」っていったい誰のお墓のこと？

廃駅
御陵

御陵《みささぎ》駅は、一九九七（平成九）年一〇月の京都市営地下鉄東西線乗り入れに伴って廃止された駅のひとつである。もとは地上駅だったが、駅設備はすべて取り払われ、地下駅となった。現在は京阪と地下鉄東西線との共同駅だが、管理をしているのは京都市交通局だ。

駅名の由来となっている「御陵」とは、「天皇の陵墓」を指す言葉である。しかし御陵駅という名称を聞いて、いったいどの天皇の陵墓なのか、すぐに思いつくだろうか。

正解は、天智天皇である。御陵駅から三条通を東へ道なりに進むと、天智天皇陵の入口にたどり着く。上円下方形の陵墓で、下方部下段は一辺約七〇メートル、高さ約二・五メートル、上部の八角形の墳丘は直径約四〇メートル、高さ約八メートル。御廟野《ごびょうの》古墳とも呼ばれ、周辺の地名・御陵上御廟野町は、これに由来するものだ。

古代の天皇陵はいったい誰が埋葬されているのか判然としないものがほとんどであるが、この天智天皇陵は、『続日本紀』や『延喜式』に記されている築造年代や墳形、規模などから、被葬者が天智天皇であることはまちがいないと見られている。

古代日本の近代化に貢献した天智天皇

天智天皇は、六二六年、舒明《じょめい》天皇の第二皇子として誕生した。中大兄皇子《なかのおおえのおうじ》という名前のほうがよく知られるところだろう。当時、政権を牛耳っていたのは蘇我蝦夷《そがのえみし》・入鹿《いるか》父子だったが、目に余る専横政治に政権内では不満の声が上がり、蘇我氏打倒のクーデターが秘密裏に進められていった。その中心を担ったのが、中大兄皇子だった。中大兄皇子は中臣鎌足《なかとみのかまたり》、蘇我氏傍系の蘇我倉山田石川麻呂《そがくらやまだいしかわまろ》を味方に引き入れると、六四五年、蘇我氏総宗家を滅ぼした。これを乙巳《いっし》の変という。その後、孝徳《こうとく》天皇が即位すると、中大兄皇子は皇太子となり、六四六年、中央集権体制を固めるべく、大化の改新を断行した。

孝徳天皇の死後、母・皇極《こうぎょく》天皇が斉明《さいめい》天皇として再び即位し、中大兄皇子は皇太子としてその治世を支えた。六六一年に斉明天皇は崩御するが、中大兄皇子は即位しないまま政務を代行。ようやく天皇の位についたのは、六六六年に都を近江に遷した（近江大津宮）のちの六六七年のことだった。天智天皇の誕生である。

天智天皇は日本初の法典・近江令や、同じく日本初の戸籍・庚午年籍《こうごねんじゃく》を定めるなど、律令制の形成に尽力したが、六七一年、近江大津宮で崩御した。

だが不思議なことに、『日本書紀』には、天皇の死後、陵墓の建造や埋葬を示した記述

天智天皇が埋葬されている天智天皇陵。奈良県明日香村の天武・持統合葬陵とともに、比定がほぼ確実視されている。

が見られない。実際に御陵の造営の記述が見られるのは『続日本紀』文武天皇三年の条で、六九九（文武三）年にはどうやら造営されていたようである。

また、天智天皇の最期については、『日本書紀』と異なる伝承も残されている。『帝王編年記』や『扶桑略記』には、「天智天皇が山科に遠乗りに行ったまま行方不明になり帰ってこない。山深いところを探したが、道に天皇の沓《くつ》が落ちているのが見つかっただけだった。そこでやむなく、その沓が落ちていたところに御陵をつくった」という記述がある。

これをもって天智天皇は暗殺されたという説も出されているが、真相は定かではない。

天智天皇はなぜ大津に都を置いた!? その真意に迫る!

石山坂本線 OT 15
皇子山
おうじやま
OJIYAMA

七世紀、朝鮮半島では高句麗《こうくり》、百済《くだら》、新羅《しらぎ》三国の対立が激化し、緊張状態が続いていた。そのような状況下の六六〇年、唐・新羅連合軍が水陸一三万の軍をもって百済へ侵攻、百済を滅ぼした。その後、唐は百済に中国式の支配制度を敷いて治めようとしたが、唐の支配に反発した遺臣たちが復興に立ち上がる。百済の王族・鬼室福信《きしつふくしん》はそれらを結集すると、当時、倭国に滞在していた百済の王子・余豊璋《よほうしょう》の送還と援軍の派遣を要請した。

時の斉明天皇はこれに応じ出兵を決意すると、六六一年、天皇自ら援軍を率いて出陣した。ところが福岡の朝倉宮《あさくらのみや》に着いた際、斉明天皇は崩御。そこで皇太子・中大兄皇子が称《しょう》制《せい》という形で即位しないまま、全軍の指揮を執ることとなった。

六六三年、ついに倭国軍は白村江《はくすきのえ》で唐・新羅連合軍と激突する。しかし倭国軍は連合軍によって四〇〇余の軍船を焼かれ、大敗北を喫した（白村江の戦い）。

その後、中大兄皇子は使者を派遣して唐との国交回復に尽力する一方、倭国の各地に防衛拠点を築かせた。そして六六七年、都を飛鳥《あすか》から近江大津宮へと遷した。遷都は国の政治・経済・軍事の中枢機能がすべて移されるといった大規模なものであり、『日本書紀』にはこれに反発を抱く者が多数いたことが記されている。

大津宮建設の意図

多数の者の反対意見を押しのけて敢行された近江大津宮への遷都は、ひとえに唐の報復を恐れてのものだった。白村江の戦い以後、いつ、唐が大軍を率いて日本へ攻め寄せてきてもおかしくはなかった。中大兄皇子は早急にそれに対応する必要に迫られたのである。

それでは、なぜ大津の地が都として選ばれたのだろうか。その理由は、大津の地が持つ地理的環境にある。当時、大津は渋川水系で難波津《なにわのつ》と結ばれる一方、琵琶湖水系を通じて北陸の敦賀《つるが》とも連結した交通の要衝だった。仮に唐軍が攻め寄せ、難波津が封鎖されたとしても、大津であれば日本海へと脱出するルートを確保することができた。危急の際の都を置く場所としては、まさに最適だったのである。

しかし、この近江大津宮は短命に終わる。

六六八年、中大兄皇子は近江大津宮で即位し、天智天皇となった。このとき、天智天皇は弟・大海人皇子を皇太子としたが、やがて実子の大友皇子に位を譲りたいと願うようになる。そこで六七一年、天智天皇は大友皇子を太政大臣《だいじょうだいじん》に任じ、大友皇子即位へ向けた布石を打っていった。同年冬、病に倒れた天智天皇は大海人皇子を呼び寄せ、後事を託そうと譲位の遺志を見せるが、大海人皇子は身の危険を感じて出家、吉野に隠遁《いんとん》した。そして皇位継承問題が解決しないまま、天智天皇は崩御した。

先手を打ったのは大友皇子だった。六七二年、先帝の墓を築くという名目で兵力を動員したのだ。この報告を聞いた大海人皇子は、きっと大友皇子は吉野を攻めるにちがいないと確信。挙兵を決意し、吉野を脱出した。そしてすぐさま美濃《みの》と近江の国境の要害である不破関《ふわのせき》を封鎖し、東国で兵力を集める方針に出た。こうして壬申《じんしん》の乱が勃発したのである。

一か月余に及んだ戦いの末、大海人皇子軍が大友皇子軍を撃破。大友皇子は自害し、大海人皇子の勝利に終わった。六七三年、大海人皇子は都を飛鳥に戻し、天武天皇として即位した。こうして近江大津宮は、わずか五年でその歴史に終止符を打ったのであった。

近江大津宮の場所については長らく明らかにされていなかったが、一九七四（昭和四九）年、大津市錦織《にしこおり》地区から巨大な柱穴を持つ内裏の一画が発見され、都の場所が比定された。発掘調査の結果、内裏は南北約二四〇メートル、東西約一八〇メートルの範囲に及ぶと推定されたが、都全体がどの程度の規模を誇っていたのかは、謎に包まれている。

なお、皇子山という地名は、壬申の乱に敗れた大友皇子が自害した場所であることにちなむものだ。

交通の要衝だった大津

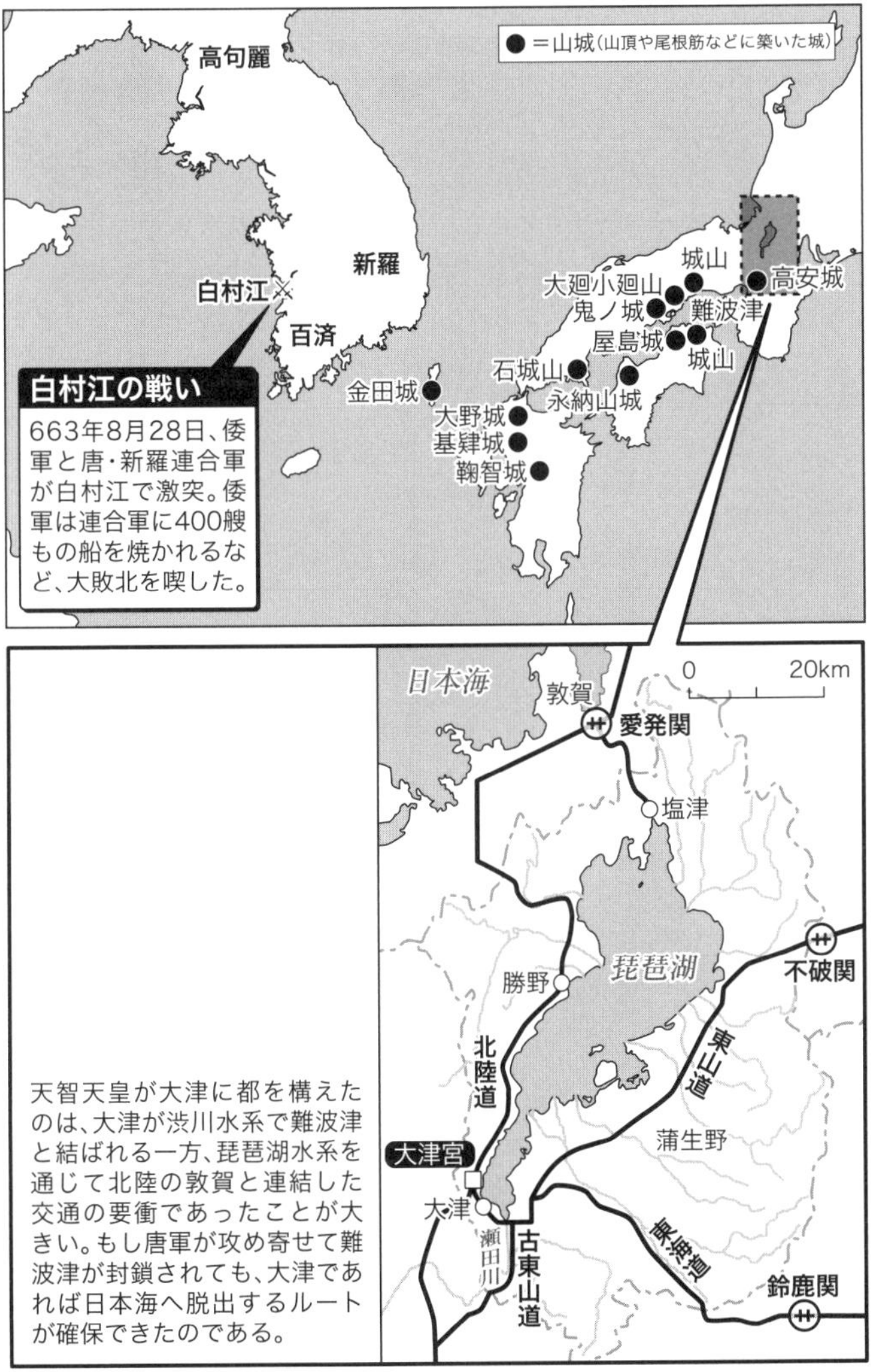

天智天皇が大津に都を構えたのは、大津が淡川水系で難波津と結ばれる一方、琵琶湖水系を通じて北陸の敦賀と連結した交通の要衝であったことが大きい。もし唐軍が攻め寄せて難波津が封鎖されても、大津であれば日本海へ脱出するルートが確保できたのである。

石山坂本線

OT 21

坂本
さかもと
SAKAMOTO

えっ？信長は延暦寺を焼いていない!?

石山坂本線の終着駅・坂本駅は、一九二七（昭和二）年、琵琶湖鉄道汽船の駅として開業した。一九二九（昭和四）年、京阪が琵琶湖鉄道汽船を合併したことに伴い、京阪の駅となる。現在の駅舎となったのは一九九七（平成九）年のこと。二〇〇〇（平成一二）年、第一回近畿の駅百選に選出されており、京阪を代表する駅のひとつである。

坂本駅を降りて、徒歩で一五分ほど西へ歩くと、比叡山《ひえいざん》鉄道のケーブル坂本駅へと至る。そこから終点のケーブル延暦寺《えんりゃくじ》駅までは約一〇分。ケーブル延暦寺駅を降りて、道なりに八分ほど歩くと、天台宗の総本山・比叡山延暦寺が見えてくる。寺域は東塔、西塔、横川（北塔）にわかれ、三地区に点在する堂宇を総称して延暦寺と呼ぶ。

古来、大山咋神《おおやまくいのかみ》を祀る霊山として人々の信仰を集めた比叡山の中腹に延暦寺が創建されたのは、七八八（延暦七）年のことだった。天台宗の祖・最澄《さいちょう》が一乗止観院《いちじょうしかんいん》を開いたことに端を発する。

最澄の時代には堂宇は東塔地区に集中していたが、その後、最澄の遺志を受け継いだ弟子たちによって西塔地区、横川地区（北塔）が開かれ、比叡山は大いに発展を遂げた。最盛期には、三〇〇〇もの堂宇が建ち並んでいたという。

鎌倉時代には浄土宗の法然《ほうねん》、浄土真宗の親鸞《しんらん》、臨済宗の栄西《えいさい》、曹洞宗の道元《どうげん》、日蓮宗の日蓮《にちれん》など各宗派の開祖たちを輩出したことから、延暦寺は日本仏教の母山として仰がれた。

「比叡山焼き討ち」の真相

延暦寺の歴史を語るうえで避けて通れないのは、織田信長による焼き討ちである。通説によると、室町幕府一五代将軍・足利義昭《あしかがよしあき》による反信長連合の呼びかけに呼応した延暦寺に対して、信長は中立を保つよう要請。だが延暦寺側がこれを黙殺したばかりか、越前の朝倉勢を山内にかくまったため、一五七一（元亀二）年九月、信長は堂宇のことごとくを焼き払わせた。このとき、堂宇のみならず、数千人に及ぶ僧や俗人、子どもを容赦なく斬り捨てたと伝わる。

これによって延暦寺は大打撃を被ったとされるが、最近の研究によると、じつは信長は延暦寺全体を焼き払ってはいないのではないかといわれる。実際、昭和四〇年代以降に行なわれた発掘調査の結果、元亀の焼き討ちの事実を証明することができるのは根本中堂《こんぽんちゅうどう》と大講堂の二か所のみであり、そのほかの堂宇からは焼失した痕跡を見出すことができなか

延暦寺の中心を担う根本中堂。遺構や遺物などから、この建物は織田信長に焼き払われたと見られている。

ったという。

『信長公記』によると、比叡山焼き討ちの主戦場となったのは山麓の坂本一帯であり、山上における焼き討ちは小規模なものだったといわれる。それ以前に、すでに当時は僧房の多くが廃絶状態にあったという。

なお、信長は宗教弾圧などは行なっておらず、寺社に対する基本政策は、一貫して「保護」の立場にあった。たとえば尾張《おわり》国の津島《つしま》神社、熱田《あつた》神社、越前国の剣《つるぎ》神社の所領を安堵していることを見ても、それがわかる。ただ、信長は宗教勢力が武力を持ち、自身に敵対することを許さなかったのである。

京阪本線 KH 17
寝屋川市
ねやがわし
Neyagawashi

春のセンバツは京阪のグラウンドで行なわれていたかもしれない!?

京阪電鉄は、プロ野球球団を保有したことがない。阪神電鉄は阪神タイガース、阪急電鉄は阪急ブレーブス、南海電鉄は南海ホークス、近畿日本鉄道は近鉄バファローズと、関西の大手私鉄が球団の親会社となってきたのとは対照的だ。とはいえ、これらのチームのうち、現在も鉄道会社が保有しているのは阪神タイガースのみであるが……。

ただ意外なことに、関西で初めて本格的な野球場をつくったのは、ほかでもない、京阪なのである。それが、かつて寝屋川《ねやがわ》市に存在していた京阪グラウンド（寝屋川球場）だ。

なぜ京阪はわざわざ野球場を建設したのか。その背景には、京阪の高校野球誘致政策が横たわっている。

京阪グラウンドの悲しい結末

明治から大正にかけて、鉄道会社各社は乗客数を増やすべく、沿線における住宅街や娯楽施設、商業施設の開発など、様々な旅客誘致政策を手掛けてきた。その政策のひとつに、スポーツ振興を目的とした総合運動場の建設がある。

日本のスポーツは、学生競技を主体として発展してきた。たとえば野球は、一八七三（明治六）年頃、開成学校（現在の東京大学の前身）に赴任した教師ウィルソンと、大学予備門（一高の前身）の教師マジェットという二人のアメリカ人教師が学生たちに広めたのがはじまりだと伝わる。以降、野球は全国に浸透し、各地の学校に野球チームが結成されるようになった。

ただスポーツ熱の高まりに比して、当時、専門の競技場が不足していた。そこで一九一二（明治四五）年、京阪は沿線における総合的な運動場の建設を企図。一九二一（大正一〇）年、寝屋川停留場付近の四万三〇〇〇平方メートルの敷地をその計画地とし、一九二二（大正一一）年四月、「京阪グラウンド」を完成させた。

まずオープンしたのは、一周四〇〇メートルのトラック、一〇〇メートルの直線コース、二〇〇メートルのセパレートコースを備えた本格的な陸上競技場だった。陸上のみならず、中央のフィールドはラグビーやサッカーにも利用された。

そして満を持して野球場がオープンしたのは、同年八月のことだった。同時に二試合が行なわれるほどの広さを誇り、また、ゆうに七〇〇〇人以上の観客を収容することができたという。野球場は実業団の試合や明治大学と関西大学の定期戦、全国中等学校優勝野球大会（現・全国高等学校野球選手権大会）大阪大会などに利用され、大いに盛り上がりを見せた。

しかし一九二四（大正一三）年八月、阪神電鉄の甲子園球場が完成すると、京阪グラウンドは日本一の規模の座を奪われることとなる。また同年、全国中等学校優勝野球大会の全国大会が甲子園球場で行なわれることが決定された。

これに刺激を受けた京阪は、アメリカのヤンキー・スタジアムを参考に、野球場を新たに整備し直す計画を打ち出した。そして同年から開催予定の全国選抜中等学校野球大会（現・選抜高等学校野球大会）を同球場で行なうよう、主催者である大阪毎日新聞社へ働きかけた。

ところが、思わぬところから「待った」の声が上がった。京阪の運輸部門である。全国選抜中等学校野球大会は春に開催されることから、「観光シーズンと重なり、新しい車両を製造しない限り、安全な輸送はできない」と反対意見が出たのだ。当時は連結車が少なく、単車運転がメインだったため、試合終了後、乗客を迅速に、かつ安全に輸送することが困難と見られたのである。実際、一九二七（昭和二）年に京阪グラウンドで和歌山中学対高松商業の試合が行なわれたとき、詰め掛けた二万人もの観客すべてを運び終えるのに、じつに二時間一五分もかかったという。

「京阪グラウンド」の歴史をいまに伝える「寝屋川球場跡」の石碑。（写真：Unamu）

　また、このとき京阪では新京阪線の敷設を控えていたこともあり、野球場の大型整備に投資をする余裕はないとの判断が下された。こうして春の選抜は、一回目こそ名古屋・山本球場で行なわれたが、二回目以降、夏に引き続き、甲子園球場で行なわれることとなった。高校野球のメッカになり損ねたばかりか、甲子園球場はじめ藤井寺球場など各地に規模の大きな施設がつくられるようになると、京阪グラウンドの稼働率は低下。ついには、一九四二（昭和一七）年、住宅営団に売却され、住宅街へと変貌を遂げたのであった。いまではグラウンドの面影はどこにもない。唯一、寝屋川市駅の北東に建つ「寝屋川球場跡」の石碑が、かつての栄華を静かに伝えている。

安土城に大坂城に江戸城……名城の石垣を築いた穴太衆って誰？

石山坂本線
OT 19
穴太
あのお
ANOO

石山坂本線・穴太《あのお》駅の北東、徒歩五分ほどのところに盛安寺《せいあんじ》という古刹がある。創建は不詳であるが、文明年間（一四六九〜八七年）、大津市坂本にある西教寺《さいきょうじ》の僧・真盛上人に帰依した越前朝倉氏の家臣・杉若盛安が、自分の名を寺号として廃寺を再興したと伝わる。

一五七一（元亀二）年の織田信長の比叡山延暦寺焼き討ちの際に盛安寺も焼失するも、明智光秀が再興。その後、またしても兵火で焼失したが、一六五二（慶安五）年に再建され、いまに至る。

盛安寺でとくに目を引くのは、城郭のような立派な石垣である。この石垣は、「穴太衆」と呼ばれる石工集団が築いたことから「穴太積」と呼ばれる。大小の自然石をそのままの姿で縦、横に積み上げていくところに特徴がある。

地名の穴太も、彼らが由来となっている。

穴太衆は、近江・坂本近郊に住み着いた渡来人の末裔と伝えられ、優れた石工の技術を持つことで知られる。一説に、琵琶湖西岸一帯の古墳築造にも関与したといわれる。八世紀、最澄が比叡山延暦寺を開いた際にも、堂宇の基礎を支える石積みや、山の道路の側壁などを築いたという。

ただ、当初は穴太衆とは呼ばれていなかったようだ。

城郭建築に活躍した穴太衆

そんな穴太衆の名が世に広く知られるようになったのは、戦国時代に入ってからのことだった。

一五七一（元亀二）年、織田信長は延暦寺を焼き討ちにした。その後、後始末のために比叡山に足を踏み入れた家臣・丹羽長秀《にわながひで》が、延暦寺の石積みが壊れておらず、大変に堅固であると信長に報告した。

そこで信長は、安土城の築城にあたり、穴太や坂本、志賀辺りに居を構えていた石工三〇〇人余を集めると、城の石垣を築かせた。その出来が見事であったため、城の完成後、信長は石工のなかでもっとも多くの者が住んでいた穴太の地名から彼らを「穴太石工」と呼び、普請記録に記させたのであった。これが、穴太衆が最初に関わった城郭であると伝わる。

盛安寺。穴太衆が積み上げた城郭のような石垣が見所のひとつとなっている。

以降、穴太衆は石垣づくりの名人であると世に轟くこととなり、その後も豊臣秀吉の伏見城・大坂城、徳川家康の江戸城の石垣を築くなど、石垣築成者としての地位が確立したのであった。

大坂の陣後の一六一五（元和元）年に一国一城令が出されると、全国における築城数は激減し、穴太衆の活躍の場も失われることとなった。

それでも、その技術は脈々と受け継がれ、二〇一六（平成二八）年、穴太積の技術を唯一継承する粟田建設がアメリカ・オレゴン州の日本庭園「ポートランド・ジャパニーズ・ガーデン」で約四〇〇平方メートルの石垣を構築。伝統的な穴太積の技術は、いまや海外にまで浸透している。

愛知の名産・守口大根
その発祥はじつは大阪の守口市!?

京阪本線
KH 11
守口市
もりぐちし
Moriguchishi

「あいちの伝統野菜」に選定されている「守口《もりぐち》大根」を塩漬けにし、それをさらに酒粕に漬けてつくる漬物「守口漬」は、名古屋名物として多くの人の舌を魅了している。

守口大根は直径約三センチメートル、長さ約一五〇センチメートルという細長い形が特徴の野菜だ。普通の大根とは異なり、肉質がかたく、辛みがあり、生でそのまま食べるのには適していないため、漬物に加工して食する。

現在はおもに愛知県と岐阜県で生産されており、なかでも愛知県丹羽《にわ》郡扶桑《ふそう》町では、全体の六割を生産している。

「守口」という名前からも推測できるように、もともとは大阪府守口市を原産とする。だが、現在守口市では守口大根を生産していない。

いったいなぜ、守口市原産の守口大根が愛知県の名産品となっているのだろうか。その謎をひも解いていこう。

守口大根の歴史

守口大根の歴史は古く、初めて生産されたのは室町時代末期のことだという。淀川の川中島の守口領外島の砂地につくられた畑で、突然変異的に誕生したと伝わる。ただ前述の通り生食には向いていなかったため、人々は粕漬けにしてこれを食するようになった。

それが一躍脚光を浴びることとなったのは、一五八五（天正一三）年のことだった。豊臣秀吉が守口の吉田八郎兵衛の家に宿泊した際、八郎兵衛は秀吉をもてなすため、守口大根の粕漬けを食膳に並べた。すると秀吉はこれを珍味であると褒め、「守口漬」なる名前を与えたと伝わる。

その後、江戸時代になると、守口は東海道筋の宿場町となり、多くの旅人が守口漬に舌鼓を打った。こうして守口漬は、世にその名を知られることとなったのである。

しかし明治時代になり、淀川堤防の改修工事が進められるなかで、守口大根の栽培地の一部が水底に沈むことになってしまう。また、一九一〇（明治四三）年に京阪本線が開通すると、それに伴って沿線の周囲が宅地化され、守口市内から守口大根の栽培に適した土地がなくなってしまうこととなった。

一方、江戸時代、美濃国稲葉郡島村（現・岐阜県岐阜市）で「美濃干大根（ほそり大根)」と呼ばれる守口大根によく似た細長い大根が栽培されていた（『旅日記』一七八六年刊)。それは尾張藩へと献上され、八丁味噌で味噌漬けにして食べていたようだ。

そして明治時代、守口市で守口大根が生産されなくなると、その代わりに美濃干大根を使って守口漬が生産されるようになった。そうしていつしか、美濃干大根が守口大根と呼ばれるようになり、守口市に代わり、岐阜県が守口大根の一大生産地となったのだという。

それが愛知県に導入されたのは、戦後の一九五一（昭和二六）年のことだった。扶桑町の４Ｈクラブ（農業青年クラブ）で守口大根の試作を行なったことを契機とし、その翌年に結成された扶桑守口大根生産組合が中心となり、守口大根の産地化が進められたのである。

そうしていつしか扶桑町が守口大根の一大産地となり、守口大根といえば愛知の名産として知られるようになったのであった。

このように守口大根のお株を奪われることとなってしまった守口市であるが、近年、この伝統野菜の特産品化を目指し、再び守口大根の栽培に力を入れるようになった。やがて守口市産の守口大根を使用した守口漬を食せる日が訪れるかもしれない。

世界初の先物取引、その対象はなんと「米」!?

京阪本線
KH 02
北浜
きたはま
Kitahama

現在、大阪の金融の中心を担うのは、北浜一帯である。北浜駅周辺には、大阪取引所をはじめ、多くの証券会社、金融機関が建ち並び、金融街の様相を呈している。

なお、長らく大阪の証券取引をリードしてきた大阪証券取引所は、東京証券取引所との経営統合、日本取引所グループの子会社化を経て、二〇一四（平成二六）年、現在の大阪取引所に改称、組織変更が行なわれている。大阪取引所では株式の現物取引は行なわれない。一方、東京証券取引所から国債先物取引などのデリバティブ部門が移管され、日本国内における先物、オプション取引（株式や通貨、債権などの商品を、将来的な価格変動を見込み、あらかじめ決められた価格で売買する取引）の中心地となった。

このように金融の中心地として発展することとなった素地は、じつはすでに江戸時代に形成されている。ただ、当時取引がなされていたのは、株や通貨ではなく、「米」だった。

江戸時代、経済の中心を担っていた大坂には各藩の年貢米が集まり、それを収蔵するための蔵屋敷が建ち並んでいた。当時は米を経済の中心とした米本位制がとられていたが、米では商品などを購入することができなかったため、それを現金化する必要があった。

その取引が行なわれた場所が、米市場である。当初、大坂の米市場の中心を担っていたのは淀屋橋の南詰にあった豪商・淀屋の店先だったが、一六九七（元禄一〇）年、堂島新地が開発されると、淀屋の米市場は堂島に移転した。

一七〇五（宝永二）年、淀屋は奢侈《しゃし》の罪、ようは儲けすぎて莫大な富を得たがために幕府によって財産を没収されてしまうが、その後も米市場は発展を続けた。やがて一七三〇（享保一五）年には幕府によって堂島米会所の存在が公認されるとともに、「帳合米取引《ちょうあいまいとりひき》」が認められるようになった。帳合米取引とは、米の先物取引のことである。当時、堂島米会所では米の現物ではなく、諸藩の蔵屋敷で米と交換することができる証券「米切手」の売買によって米の取引が行なわれるのが一般的だった。これを「正米取引《しょうまいとりひき》」という。なお、通常正米取引とは現物による売買のことを表わすが、堂島米会所では異なっていた。

一方、帳合米取引は、取引のすべてを帳簿上で済ませてしまうやり方のことだ。取引の期間は冬（一〇月中旬～一二月下旬）、春（一月上旬～四月上旬）、夏（四月中旬～一〇月初旬）の三期にわけられ、諸藩の年貢米が現地から大坂に届くまでの間に先物取引を行なうのである。このとき、取引をする売り手と買い手との間では、現金や米切手などによる決済は行なわれない。購入した時点と売却した時点での差額のみをやり取りしたのである。

堂島に建ち並んでいた諸藩の蔵屋敷と米市場

堂島米市場

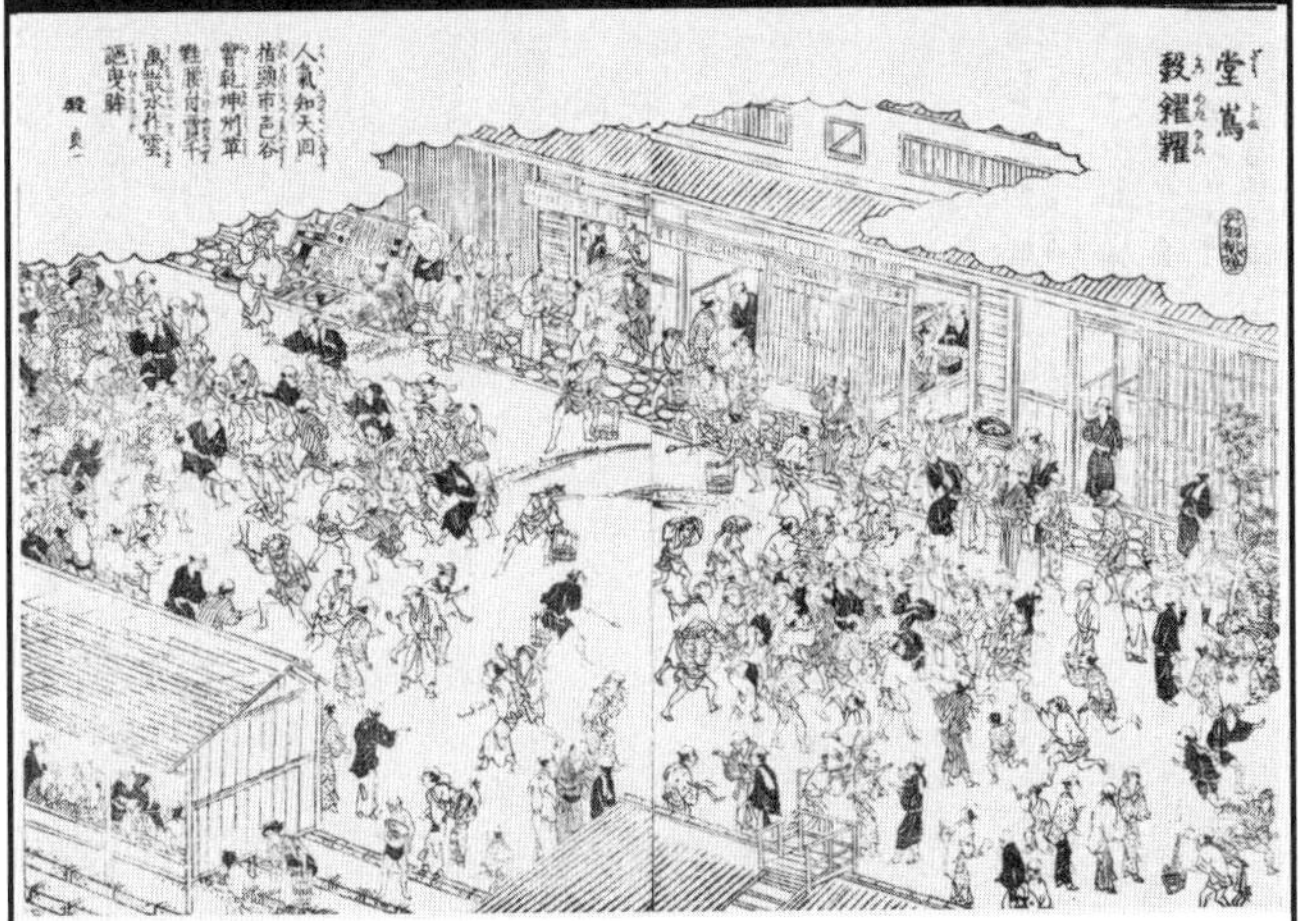

『摂津名所図会』より「堂島米市場」。この場所では世界に先駆けて先物取引が行なわれていた。これが、現在の大阪取引所へとつながっていく。

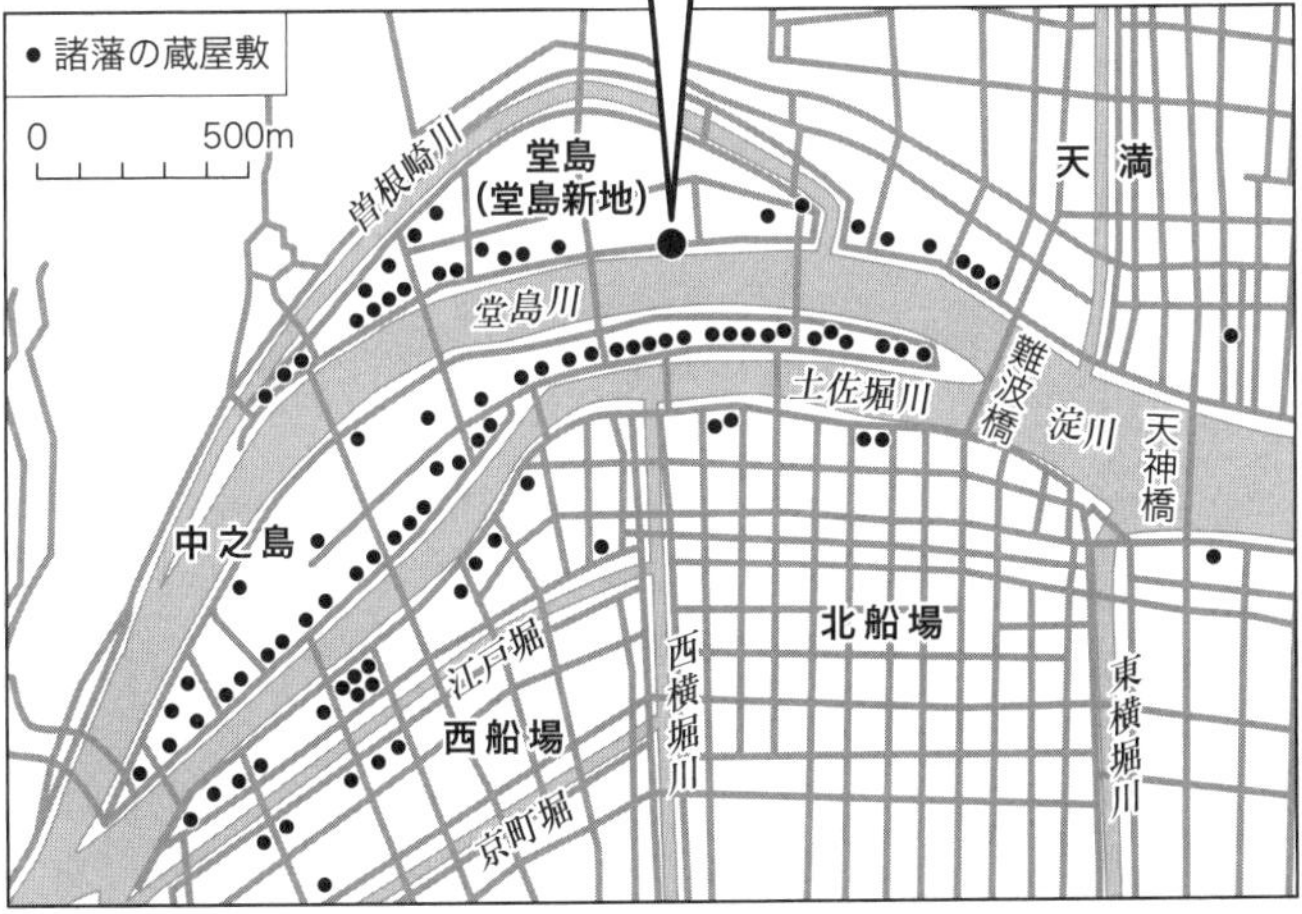

つまり堂島では、世界に先駆けて先物取引が行なわれていたのだ。

この帳合米取引の米価は、正米取引の米価の指標、しいては全国的な米価の標準となり、米価の安定に大きく寄与した。しかし一八六九（明治二）年二月、明治政府が帳合米などの相場取引を禁止したことで、堂島米会所は廃絶した。また、このときに蔵屋敷も接収され、大阪の経済は衰退の一途をたどることとなった。

そうしたなか、堂島の衰退を危惧した人々によって一八七〇（明治三）年、米会所の再興運動が行なわれ、一八七一（明治四）年、再び堂島米会所が開設された。その後、一八七六（明治九）年、堂島米会所は大阪経済の復興に尽力した五代友厚《ごだいともあつ》らによって「保証有限会社堂島米商会所」となる。資本金七万五〇〇〇円という日本初の株式会社組織の誕生である。そしてこれに範をとって一八七八（明治一一）年に誕生したのが、大阪株式取引所だ。五代友厚、住友吉左衛門、鴻池善右衛門、三井元之助ら一〇人を発起人とし、北浜二丁目で開業した。当初、取引の対象は公債だけに限られていたが、翌年から大阪株式取引所、堂島米商会所などの取引所株も取引された。これが、現在の大阪取引所だ。

取引の対象は「米」から「株」へと移行したが、江戸以降、大阪は金融の中心地であり続けたのである。近年、ＮＨＫ朝の連続テレビ小説で話題となった五代友厚の像は、現在も大阪取引所の前に立ち、名所となっている。

第五章

謎に満ちた地名、駅名！そのナットクの由来

京阪が誇る難読駅名、その由来に迫る！

交野線
KH 65
交野市
かたのし
Katanoshi

交野線
KH 67
私市
きさいち
Kisaichi

京阪本線
交野線
KH 21
枚方市
ひらかたし
Hirakatashi

京阪電鉄の数ある駅のなかでも、とくに難読駅名として知られるのが、交野線の交野《かたの》市駅、私市《きさいち》駅、そして京阪本線と交野線の二路線が乗り入れる枚方市《ひらかたし》駅だ。これらの駅名にはいったいどのような由来があるのか、それを読み解いていこう。

「肩野」から「交野」へ

まずは交野市駅である。交野市駅は、一九二九（昭和四）年七月、信貴生駒《しぎいこま》電鉄の交野駅として開業した。その後、交野電気鉄道、京阪神急行電鉄の時代を経て、一九四九（昭和二四）年一二月、京阪電鉄の駅となる。現在の駅名に改称されたのは、一九七七（昭和五二）年のことだ。その名のごとく、駅名は交野市にちなむものである。それでは、「交野」と書いて、なぜ「かたの」と読むのだろうか。

もともと交野地方には、縄文時代から人が住むようになったという。その後、大和時代になると、豪族・肩野物部《かたのもののべ》氏がこの地一帯を治めるようになり、天野川沿岸を開拓。このことから、同地は「肩野」と呼ばれるようになった。

やがて平安時代になると、肩野は貴族の遊猟地として親しまれるようになり、詩にも多く詠まれることとなった。その際、「人が行き交う野」であることから「交野」と歌われるようになり、それがそのまま地名として定着したと伝わる。

「私」と書いてなぜ「きさ」と読む？

次に私市駅である。交野線の終着駅である私市駅は、交野市駅と同じく信貴生駒電鉄の駅として開業した。もともと信貴生駒電鉄は私市から生駒へと路線を延伸し、枚方～生駒～王寺間を結ぼうとしていたが、経営難に陥ったために計画は頓挫。私市～生駒間は結ばれることなく、生駒～王寺間は近畿日本鉄道に、そして枚方市～私市間が京阪電鉄の路線として組み込まれることとなった。

地元の人ならばいざ知らず、この私市という駅名を初見で読むことができる人はなかなかいないのではないだろうか。なぜ「私」と書いて「きさ」と読むのだろうか。

『日本書紀』によると、かつて天皇の后《きさき》のために働く役所を「私府《きさふ》」といい、后の私有地で働く部民を「私部《きさいべ》」と呼んだ。もともと交野一帯は、推古天皇時代以来、皇室領であり、私部が多く住んでいた。そのことから、この辺りの皇室領地内は「私部内《きさいべち》」と呼ばれるようになり、それが転じて「私市《きさいち》」となったといわれる。

もともとは「平らな潟」だった？

最後に枚方市駅である。枚方市駅は、一九一〇（明治四三）年の京阪本線開業時に設置された駅で、当初は「枚方東口駅」だった。もともと現在の枚方公園駅が「枚方駅」という名称だったが、枚方東口駅周辺が枚方市の中心を担うまでに発展を遂げると、それに伴って一九四九（昭和二四）年、「枚方市駅」と改称された。「市」がつけられたのは、枚方駅との混同を避けるためだ。

枚方市駅という名称は、もちろん枚方市にちなむ。普通に読めば「まいかた」と読んでしまうが、なぜ「枚」と書いて「ひら」と読むようになったのだろうか。

枚方という地名の由来についてはよくわかっていないが、奈良時代初期に編まれたとされる『播磨《はりま》国風土記』に「河内国茨田郡枚方里」と見えることから、歴史ある地名であることがわかる。

一説に、もともと枚方一帯には平坦な潟（入り江）が形成されていたという。その「平《ひら》潟《かた》」に、「枚方」という漢字があてられたのではないかと見られているが、なぜその漢字が選ばれたのかは定かではない。

京阪本線
KH 24
樟葉
くずは
Kuzuha

駅名は「樟葉」で地名は「楠葉」、いったいどっちが正しいの!?

樟葉《くずは》駅は、一九一〇(明治四三)年、京阪本線が開業したときに設立された駅だ。かつては、現在よりも約三〇〇メートル、京都寄りに位置していた。

当初は閑散とした駅にしか過ぎなかったが、一九六八(昭和四三)年に日本初の官民一体型ニュータウン「くずはローズタウン」が分譲されると、ニュータウンの玄関口として、利用客数が急増。一九七一(昭和四六)年には現在地に駅舎が移され、急行が停車するようになった。

また、同年、京阪デパートくずは店(現・京阪百貨店くずはモール店)がオープンし、その翌年にはくずはモール街(現・KUZUHAMALL)が開店した。

こうして徐々に賑わいが醸成されていくと、一九六一(昭和三六)年にわずか一五六〇人だった乗降客数は、一九七二(昭和四七)年には二万二〇〇〇人を越え、一九八三(昭和五八)年には六万三四〇〇〇人にまで増加。二〇〇三(平成一五)年には特急停車駅へと昇格を果たした。

現在は、六万一〇八六人（平成二四年度）の人が利用している。これは、京阪全駅のなかで六番目に多い数字だ。

そんな樟葉駅の周辺に目を向けると、ひとつ不思議なことに気がつく。駅名は「樟葉」であるのに、なぜか地名は「楠葉」となっているのだ。これはいったいどういうことなのだろうか。

「くずは」を巡る二つの表記の謎

「くずは」という名前の歴史は古く、『日本書紀』崇神《すじん》天皇一〇年九月の条に登場する。それによると、「孝元《こうげん》天皇の皇子で崇神天皇の伯父・武埴安彦《たけはにやすひこ》が反乱を起こしたが、敗北し、殺害された。武埴安彦に従っていた兵士たちは慌てて逃亡したが、その途上、兵たちの屎《くそ》が褌《はかま》から漏れた。その場所を屎褌《くそばかま》といい、いま樟葉というのはそれが訛ったものである」という。

また、『古事記』でも同じような伝承が掲載されているが、「屎褌」が転じて「久須婆《くすば》」となったとしている。

このように、もともとは「樟葉」「久須婆」と呼ばれていたが、奈良時代には「楠葉」と表記されていたようだ。『続日本紀』七一一（和銅四）年正月二日条に、「楠葉駅」が設置されたという記述を見ることができる。

ここでいう「駅」とは、現在の鉄道駅のことではなく、古代、街道筋に置かれた人馬の乗り継ぎ所、宿泊施設のことを指す。

周辺の村落も「楠葉村」と呼ばれ、それは江戸時代まで続いたが、一八八九（明治二二）年、楠葉村は船橋村と合併。「樟葉村」と称するようになった。

京阪本線・樟葉駅が開業したのは一九一〇（明治四三）年のこと。このとき駅は樟葉村に設置されたことから、村名がそのまま駅名として採用されたのである。

だが一九三八（昭和一三）年、樟葉村は北河内郡枚方町（現・枚方市）と合併し、その名を失ってしまうことになる。

一方で、「楠葉」という地名は、「枚方町大字楠葉」として存続した。一九四七（昭和二二）年、枚方町が市制施行して枚方市となった際も、「枚方市楠葉」として引き続き使われた。

こうして、駅名と地名とであべこべな現象が起こることとなったのである。

石山坂本線
OT 07
膳所本町
ぜぜほんまち
ZEZE-HOMMACHI

なぜ「所」を「ぜ」と読むのか！「膳所」の謎をひも解く

石山坂本線・膳所本町《ぜぜほんまち》駅は、もともと大津電車軌道の膳所駅として開業した。一九一三（大正二）年のことである。

その後、一九二七（昭和二）年、大津電車軌道が太湖汽船と合併し、琵琶湖鉄道汽船となったことに伴い、膳所駅も琵琶湖鉄道汽船に所属する駅となった。

一九二九（昭和四）年には、京阪が琵琶湖鉄道汽船を合併したため、膳所駅は京阪の駅となり、一九三七（昭和一二）年、現在の駅名へと改称した。

膳所という駅名は、もちろん地名の膳所に由来する。難読地名としておなじみの名称だ。「膳」を「ぜ」と読むのはなんとなく理解できようが、「所」を「ぜ」と読むことは普通はできないからである。

それでは、なぜ「膳所」と書いて「ぜぜ」と読まれるようになったのだろうか。その由来をひも解いていこう。

膳所本町駅近くに鎮座する「膳所神社」。かつてこの場所に「御厨」があったという。

天皇の食事を司った膳所

膳所という地名の成立は古く、天智天皇の時代の七世紀にまでさかのぼると伝わる。

六六七年、天智天皇は都を大津に遷し、近江大津京（150ページ参照）を造営した。その際、天皇はこの地に御厨《みくりや》（天皇に供する食事をつくる場所）を置いた。当時、一帯は浜田村と呼ばれていたが、近江国の地誌・『近江輿地志略』（一七三四年刊）によると、天皇が召し上がる御膳を献上するところということで、「膳所《おもののところ》」と称されるようになったという。

それでは、「おもののところ」という読み方はどうして「ぜぜ」へと転じたのだろうか。

これについて『近江輿地志略』は、「膳所と書いておものと呼んでいたのが、いつしか人々は膳々《ぜんぜん》と呼ぶようになり、それが訛ってぜぜとなった」としている。

一方、膳所の置かれている地理的環境に起因するという説もある。膳所の地は琵琶湖に崎を形成していることから、かつては「膳の崎《おものさき》」とも呼ばれていた。時代を経ると、それが「膳の前《ぜんのさき》」と呼ばれるようになり、「膳前《ぜんぜん》」へと転じた。これがさらに短くなって「ぜぜ」と呼ばれるようになり、いつしか「膳所」と書いて「ぜぜ」と呼びならわすようになったという。

なお、膳所本町駅から徒歩二分ほどのところに鎮座する膳所神社は、天智天皇の弟・天武天皇の時代、大和国から食物の神・豊受比売命《とようけひめのみこと》を遷して祀ったことにはじまるという古社だ。かつて天皇の食事を献上する際、この場所で祭儀が行なわれていたと伝わる。豊臣秀吉、徳川家康など、時の天下人に保護され、一七一三（正徳三）年、正一位膳所大明神の宣旨が下されている。

また、神社の表門と北門は、明治に取り壊された膳所城の城門を移築したものであり、かつての城の威容をいまに伝えている。

雅な地名「香里」、由来はなんと阪神電鉄の遊園地!?

京阪本線
KH18
香里園
こうりえん
Korien

香里園《こうりえん》駅は、京阪本線の開通と同じ一九一〇（明治四三）年四月一五日、「香里駅」として開業した。現在の駅名に改称されたのは、一九三八（昭和一三）年のことである。

駅の周辺に、香里北之町や香里新町、香里西之町などといった地名が広がることから、駅名もこれにちなんでつけられたものかと思いきや、そうではない。

じつは駅開業時、この地域一帯は「郡《こおり》村」と呼ばれていたのである。古くは、江戸時代から存在していたという歴史ある地名だ。一説に、この地に河内国茨田郡の郡衙《ぐんが》（郡の役所）が置かれていたことに由来するというが、残念ながら、それを証明する遺跡や遺物などは発掘されていない。それではなぜ、「郡」が「香里」へと転じたのだろうか。そのきっかけとなったのが、京阪電鉄の路線敷設だった。

議論が重ねられた遊園地の名称

鉄道経営の主体は、もちろん旅客の輸送にあるが、たんに都市間を結ぶだけでは経営は成り立たないといわれた。そこで鉄道各社はこぞって沿線の開発を行ない、運輸収入を増やすとともに、付属施設の経営によって収益を上げようともくろんだ。

そのパイオニアとなったのが、阪急電鉄の前身・箕面《みのお》有馬電気軌道だ。電車の利用客を増やすために開発された日本初の分譲住宅・池田室町住宅地や、行楽客の需要を掘り起こすべくつくられた宝塚新温泉など、鉄道事業・商業施設・娯楽施設・住宅地などを経営し、相乗効果をもたらすことで収益を上げるという発想は当時としては画期的であり、京阪もそれに追随して沿線の開発を手掛けるようになった。

その一環として計画されたのが、郡村の地に遊園地を建設するというものだった。すでに開通に先立つ一九〇七（明治四〇）年には、郡村に遊園地を設置することに対して、周辺の地主の協力も取りつけていたが、このときに問題となったのが、遊園地の名称だった。「郡遊園地」ではいまいちインパクトに欠け、話題にならない。

折しも、西宮《にしのみや》では阪神電鉄による香櫨園《こうろえん》遊園地が開業し、人気を集めていた。そこで京阪は、それにあやかって「郡」を「香里」とし、遊園地の名称を「香里遊園地」としたのである。

こうして一九一〇（明治四三）年、「香里駅」と「香里遊園地」が開業した。同年秋には、菊人形展が開催されている。当時、東京・両国国技館では毎年菊人形展が開かれてお

いまも枚方市民から圧倒的な支持を集める「ひらかたパーク」。日々、斬新なイベントを立案し、お客を楽しませせている。

り、好評を呼んでいた。これを遊園地で行なったら、きっと入園者数は増加し、鉄道の乗客数も増えるだろうと見込んだのである。

さらに京阪では、往復切符を買った乗客は入園料を無料とし、また、道頓堀《どうとんぼり》の舞台に出ていた俳優や花柳界《かりゅうかい》の綺麗どころを呼ぶなどして、集客につとめた。この甲斐あり、第一回菊人形展は好評のうちに幕を閉じ、その翌年にも菊人形展が開催された。

だが大正に入ると、都会の喧騒から離れ、静かな場所に家を構えたいという風潮が現われるようになったため、京阪は丘陵の東側に位置し、眺めのよかった香里遊園地一帯を住宅地とすることを決し、遊園地の機能は枚方に移されることとなった。

こうして一九二八（昭和三）年、「中流紳士の住居に適する住居を建設し、大阪人の郊外生活ニーズにこたえる」というコンセプトのもと、遊園地跡地に造成された香里園住宅地は、発売されるやたちまちのうちに完売。いまでは大阪屈指の高級住宅街として知られるようになった。

一方、一九一二（大正元）年、枚方に移された遊園地は、「ひらかたパーク」としていまに受け継がれている。創業以来、一度も途切れることなく営業を続けている遊園地としては日本最古だ。かつてはNHK大河ドラマをテーマとした「菊人形展」が毎年開かれるなど、特徴ある遊園地であった。

しかも、ただ歴史があるだけではない。電鉄系の遊園地が軒並み閉鎖に追い込まれるなかで、ひらかたパークは年々入場者数を増やし続けているのだ。それもひとえに、芸人やアイドルを起用したユニークな広告宣伝、子どもから大人まで楽しむことができるアトラクションの設置、キャラクターショーなどのイベントの展開など、営業努力を重ねた結果である。

大阪府内でもっとも入園者数が多いのはユニバーサル・スタジオ・ジャパンであるが、枚方市民、いや大阪府民からもっとも愛される遊園地といえば、ひらかたパークをおいてほかにないといってもよいだろう。

廃駅
蹴上

「蹴上」という地名に秘められた身の毛もよだつこわ～い由来

京都市東山区、三条通の東端に蹴上《けあげ》という地名が残る。地元の人であればいざ知らず、他地域の人にとってはなかなか読みづらいため、難読地名としてしばしば取り上げられる。普通に読めば「けりあげ」であるが、正解は「けあげ」だ。

蹴上という名称自体は、近代京都の産業の発展に多大な貢献をした日本初の商業用水力発電所「蹴上発電所」や、琵琶湖疏水の急斜面にレールを敷き、船を運航するために敷設された傾斜鉄道「蹴上インクライン」跡などにより、広く世に知られることとなった。

かつては京阪京津線がこの場所を走っていた。とくに蹴上付近は六六・七パーミル（一〇〇〇メートルにつき六六・七メートル登る）という急勾配を誇ったが、一九九七（平成九）年、京都市営地下鉄東西線の開業に伴い、蹴上駅を含め、御陵駅以西の駅はすべて廃止された。

さて、「蹴上」という地名をひも解くとき、「何かを蹴り上げた場所だからその名がつけられた」と考えられるだろう。

はたしていったい何を蹴り上げたのか。そこに秘められているのは、なんともおどろおどろしい伝説だ。

処刑者を蹴り上げた⁉

蹴上という地名の由来については諸説伝わるが、なかでも有名なのが、「源 義経《みなもとのよしつね》説」である。

まずは「源義経説」について見ていこう。まだ源義経が牛若丸と名乗っていた時代の話である。

「処刑者説」である。

――一一五九（平治元）年の平治の乱で父・義朝《よしとも》が敗死した際、義経は敵方に捕らわれてしまったが、まだ幼き身の上であったため、鞍馬寺《くらまでら》に預けられることとなった。やがて長じた義経は、金売吉次《かねうりきつじ》に伴われ、奥州・藤原秀衡《ふじわらのひでひら》のもとに身を寄せることとなった。その途上、九条山の坂にさしかかったとき、平家の侍であった関原与一《せきわらよいち》の従者の馬が水溜りの水を蹴り上げ、義経の衣を汚してしまう。義経はこれに激怒。瞬く間に従者を斬り殺すや、その主人である与一の耳、鼻を削《そ》ぎ、追い払った――

ここから、蹴上という地名が生まれたと伝わる。勢いよく進む馬が土ぼこりや水しぶきをあげるのは避けることができないが、当時、それを他者に掛けないようにするのが、武士のひとつの作法だった。義経が怒ったのも、無理からぬことかもしれない。

またその後、義経が刀についた血糊《ちのり》を洗った池は「血洗池《ちあらいいけ》」と呼ばれるようになり、そこから現在の山科区御陵血洗町という地名が誕生したという。

次に「処刑者説」を紹介する。

かつて九条山には、日本最大級の処刑場「粟田口《あわたぐち》刑場」があった。江戸時代末期までに一万五〇〇〇人もの罪人がこの場所で処刑されたといわれる。

本能寺の変後、山崎の戦いで秀吉に敗れた明智光秀の首が晒されたのも、粟田口刑場である。

罪人にとって、この刑場に連行されることはすなわち死を意味していた。そのため多くの罪人は刑場の手前で足がすくみ、前に進むことができなかった。そのような状況下、罪人を連行した役人は彼らの背中を足で蹴り、無理やり刑場へと連れて行ったという。ここから、刑場一帯の土地が「蹴上」と呼ばれるようになったということだ。

一方、ごろごろと転がる死体を蹴り上げなければ歩けなかったことから、蹴上という地名が生まれたともいわれる。

「中書さん」が住んでいたから「中書島」？

京阪本線
宇治線
KH 28

中書島
ちゅうしょじま
Chusyojima

　京阪本線と宇治線の接続駅である中書島《ちゅうしょじま》駅は、現在、伏見地区への玄関口という役割を果たしているが、駅の南西にかつての伏見港をイメージしてつくられた伏見港公園があるように、古来、京都～大阪間を結ぶ交通の要衝として発展を遂げた場所である。

　一五九二（文禄元）年、豊臣秀吉は伏見城の築城を開始。それに伴い、琵琶湖を水源とする宇治川の本流の流れを変え、宇治川を淀川へ合流させるとともに、伏見港を整備した。こうして伏見は水路で大坂と結ばれたが、このとき、矢倉島《やぐらじま》、葭島《よしじま》がまとめられてひとつの島とされ、船着場の集まる港として整備された。これが中書島である。

　中書島は舟運の拠点として発展を遂げるが、伏見城の廃城に伴い、一時は衰退を余儀なくされる。それでも水陸交通の要衝であった中書島の地理的環境が重んじられ、江戸時代には伏見船の数を増やして水運が拡大されるとともに、一七〇〇（元禄一三）年には遊郭が設置され、一大歓楽街として繁栄を遂げた。しかし一八七七（明治一〇）年に京都～大阪間を結ぶ国鉄東海道線、さらに一九一〇（明治四三）年、大阪～伏見～京都間を結ぶ京阪本線が敷設されると、伏見港は次第に衰退。一九六八（昭和四三）年には港が埋め立てられ、いまに至る。

中書島の由来となった秀吉の家臣

「島」という名の通り、中書島はかつて四方を川に囲まれており、さながら島のような体裁をなしていたという。そんな中書島という名は、じつはひとりの人物が由来であると伝わる。その人物の名は、脇坂安治《わきさかやすはる》という。安治は豊臣秀吉の家臣であり、「賤ヶ岳《しずがたけ》の七本槍」のひとりに数えられる人物だ。伏見城築城に際し、秀吉は城の周囲に大名が住まう城下町を現出したが、その際、安治に割り当てられた場所が、現在の中書島一帯だった。現在の西柳町、東柳町辺りに安治の下屋敷があったという。当時、安治は「中務少輔《なかつかさしょうゆう》」という官位を得ていた。中務とは、律令制で規定された八省のうちのひとつで、天皇への侍従、詔勅の起草、国史の編纂、女官の人事などを司る職務のことである。この中務省は、古代・唐では「中書省」と呼ばれていた。このことから、土地の人々は安治のことを親しみを込めて「中書さん」と呼び、「中書さんが住んでいた島」ということで、「中書島」という地名が起こったと伝わる。また、京都市上京区に残る中書町という地名も、秀吉が築いた聚楽第《じゅらくだい》に存在していた安治の屋敷にちなんだものだ。

【取材協力】

京都歴史博物館／上下水道局水道部疏水事務所／京都鴨川納涼床協同組合／三室戸寺／石清水八幡宮

【主な参考文献】

『京阪電鉄新発足20年』『京阪百年のあゆみ』（以上、京阪電気鉄道）／『枚方市史』（枚方市）／『守口市史』（守口市）／『寝屋川市史』（寝屋川市）／『北区史』（北区）／『新修大阪市史』（大阪市）／『巨椋池』（宇治市教育委員会）／『走れ‼おとぎ電車』『発掘ものがたり　宇治』（宇治市歴史資料館）／『比叡山延暦寺建造物総合調査報告書』（比叡山延暦寺）／『琵琶湖疏水』（琵琶湖・淀川水質保全機構）／『琵琶湖疏水と京都の産業・企業』（京都商工会議所観光産業特別委員会）／『まちと暮らしの京都史』岩井忠熊編、『大阪都市形成の歴史』横山好三（以上、文理閣）／『みやこの近代』丸山宏、伊従勉、高木博志編、『水系都市京都　水インフラと都市拡張』小野芳朗編著、『京の鴨川と橋』門脇禎二、朝尾直弘編（以上、思文閣出版）／『ほんとうは怖い京都の地名散歩』浅井建爾、『京都の寺社505を歩く上　洛東・洛北（東城）・洛中編』『京都の寺社505を歩く下　洛西・洛北（西城）・洛南・洛外編』山折哲雄監修、槇野修、『京阪電鉄のひみつ』PHP研究所編（以上、PHP研究所編）／『あなたの知らない大阪府の歴史』山本博文監修、『聖地鉄道』渋谷申博（以上、洋泉社）／『しらべる戦争遺跡の事典』十菱駿武、菊池実編（柏書房）／『よもやまばなし　琵琶湖疎水』浅見素石、『織田信長　その虚像と実像』松下浩、『源氏物語の近江を歩く』畑裕子（以上、サンライズ出版）／『京阪』広田尚敬（山と渓谷社）／『愛媛の航空』高田英夫（愛媛新聞社）／『仏教用語の基礎知識』山折哲雄編著（角川書店）／『地名の社会学』今尾恵介（角川学芸出版）／『西国三十三所めぐり』中田昭、『日本の路面電車㊕』原口隆行、『鉄道未成線を歩く　私鉄編』森口誠之、『京阪電車まるまる一冊』（以上、JTBパブリッシング）／『鴨川　まちと川のあゆみ』（NPO法人京都景観フォーラム）／『吉田初三郎の鳥瞰図を読む』堀田典裕、『図説京都府の歴史』森谷尅久編、『図説滋賀県の歴史』木村至宏編、『図説大阪府の歴史』津田秀夫編（以上、河出書房新社）／『京・伏見歴史の旅』山本真嗣、水野克比古、『京都府の歴史散歩　中』京都府歴史遺産研究会、『大阪府の歴史散歩　下』大阪府の歴史散歩編集委員会、『京都府の百年』井ケ田良治、原田久美子編、『滋賀県の歴史散歩　上』滋賀県歴史散歩編集委員会（以上、山川出版社）／『京の橋ものがたり』松村博、『枚方の歴史』瀬川芳則、西田敏秀ほか（以上、松籟社）／『三室戸寺』伊丹光恭、水野克比古、『洛東探訪　山科の歴史と文化』後藤靖、田端泰子、『謎解き京都』読売新聞大阪本社編集局編、『東福寺』福島慶道、壇ふみ、『京都大事典』佐和隆研、奈良本辰也ほか編、『9月の京都』淡交社編集局編（以上、淡交社）／『京の古道を歩く』増田潔（光村推古書院）／『京の大橋こばし』京都新聞社編、『京の福神めぐり』田中泰彦、『京都滋賀古代地名を歩く』『京都滋賀古代地名を歩く2』吉田金彦（以上、京都新聞社）／『新版　京のお地蔵さん』竹村俊則、『掘り出された京都』京都市埋蔵文化財研究所（以上、京都新聞出版センター）／『京の歴史・文学を歩く』『京都学の企て』知恵の会編、『京都の地名検証』『京都の地名検証2』『京都の地名検証3』京都地名研究会編（以上、勉誠出版）／『京阪電気鉄道』藤井信夫（関西鉄道研究会）／『京阪電車　街と駅の1世紀』生田誠（彩流社）／『京阪電車車両の100年』（ネコ・パブリッシング）／『京都宇治川探訪』『大阪淀川探訪』西野由紀、鈴木康久編（以上、人文書院）／『京都史跡事典』石田孝嘉、『歴史読本2008年08月号』、『日本城郭大系11　京都・滋賀・福井』平井聖、『日本の郷土産業3　中部・北陸』日本地域社会研究所編（以上、新人物往来社）／『京都新発見』京都歴史教育者協議会編（かもがわ出版）／『京都大学百年史　総説編』京都大学百年史編集委員会（京都大学後援会）／『京都地名語源事典』吉田金彦、糸井通浩、『大阪の地名由来事典』堀田暁生、『消えた駅名』今尾恵介、『考証織田信長事典』西ヶ谷恭弘（以上、東京堂出版）／『京都奈良「駅名」の謎』谷川彰英（祥伝社）／『京都名所図会　絵解き案内』宗政五十緒、西野由紀、『探訪日本の城6　畿内』、『続京都の大路小路』千宗室、森谷尅久監修（以上、小学館）／『近畿㈵　地図で読む百年』平岡昭利、野間晴雄編（古今書院）／『近畿地方の歴史の道2』服部英雄、磯村幸男（海路書院）／『継体王朝』森浩一、門脇禎二編、『考古学推理帖』兼康保明（以上、大巧社）／『月刊島民　中之島　vol.21』（月刊島民プレス）／『建設行政のあゆみ　京都市建設局小史』（京都市建設局）／『幻の翼　二宮忠八物語』加藤正世（雪華社）／『江戸時代人づくり風土記25　滋賀』（農山漁村文化協会）／『考える大根』（東京農業大学出版会）／『昭和京都名所圖會7　南山城』竹村俊則（駸々堂出版）／『森琴石と歩く大阪』熊田司、伊藤純編、『大阪近代史話』「大阪の歴史」研究会編（以上、東方出版）／『図説街場の鉄道遺産　京都・大阪編』岡倉禎志（セブン&アイ出版）／『水が語る京の暮らし』鈴木康久、『大津史跡行脚』徳永真一郎（以上、白川書院）／『水の街道　関西編』産経新聞大阪本社写真報道局（産経新聞出版）／『勢多唐橋』小笠原好彦編（六興出版）／『石清水八幡宮放生会調査報告書』（交野市教育委員会）／『川の百科事典』高橋裕編（丸善）／『大学的滋賀ガイド』滋賀県立大学人間文化学部地域文化学科編（昭和堂）／『大阪まち物語』なにわ物語研究会編（創元社）／『大阪地名の由来を歩く』『大阪歴史の謎と歴史を訪ねて』若一光司（以上、KKベストセラーズ）／『大津　歴史と文化』（大津市歴史博物館）／『鉄道ピクトリアル　8月号　臨時増刊　822号』（電気車研究会）／『天皇と御陵を知る事典』藤井利章、『日本の神社を知る事典』菅田正昭（以上、日本文芸社）／『天皇陵の謎』矢澤高太郎、『戦争遺産探訪　日本編』竹内正浩（以上、文藝春秋）／『途中下車で訪ねる駅前の銅像』川口素生（交通新聞社）／『東福寺の国宝』（大本山東福寺）／『道路の日本史　古代駅路から高速道路へ』武部健一（中央公論新社）／『日本の近世12　文学と美術の成熟』中野三敏編、『日本探検』梅棹忠夫（以上、中央公論社）／『日本の遺跡6　宇治遺跡群　藤原氏が残した平安王朝遺跡』杉本宏、『山岳信仰と考古学㊟』山の考古学会編著（以上、同成社）／『日本の道100選』国土交通省道路局監修（ぎょうせい）／『百寺巡礼　第九巻　京都㊟』五木寛之（講談社）／『封印された鉄道秘史』小川裕夫（彩図社）／『仏像巡りの旅5　京都　洛北・洛西・洛南』（毎日新聞）／『仏塔巡礼　西国編』長谷川周（東京書籍）／『別冊太陽　京の歳時記今むかし』山路興造監修、『日本の戦争遺跡』戦争遺跡保存全国ネットワーク編著（平凡社）／『滋賀のなかの朝鮮』朴鐘鳴編著（明石書店）／『明治維新史という冒険』青山忠正（佛教大学通信教育部）／『歴史の眠る里　わが山科』飯田道夫（人間社）

大阪日日新聞／中外日報／朝日新聞／日本経済新聞／伏見経済新聞／毎日新聞／滋賀新聞

監　修

天野太郎（あまの たろう）

兵庫県生まれ。京都大学大学院人間・環境学研究科博士前期・後期課程、および同研究科助手を経て、現在は同志社女子大学教授。地理学、観光学、地域開発について研究。おもな共著に『大学的京都ガイド』（昭和堂）、『平安京とその時代』（思文閣出版）、『日本と世界のすがた』（帝国書院）など。監修として『阪急沿線の不思議と謎』『南海沿線の不思議と謎』『近鉄沿線の不思議と謎』『イラストで見る200年前の京都』（小社刊）、『古地図で歩く古都・京都』（三栄書房）がある。

※本書は書き下ろしオリジナルです。

じっぴコンパクト新書　301

JIPPI Compact

京阪沿線《けいはんえんせん》の不思議《ふしぎ》と謎《なぞ》

2016年12月17日　初版第1刷発行

監　修……………天野太郎
発行者……………岩野裕一
発行所……………実業之日本社
〒153-0044 東京都目黒区大橋1-5-1 クロスエアタワー8階
電話（編集）03-6809-0452
　　（販売）03-6809-0495
http://www.j-n.co.jp/
印刷所……………大日本印刷株式会社
製本所……………株式会社ブックアート

ISBN978-4-408-45617-1（第一趣味）